Christophe GUERRA,
Sophie NOACHOVITCH, Michel MARY,
Julie RIGOULET

FOURNIRET
LE PLUS CRUEL DES TUEURS EN SÉRIE

éditions
TÉLÉMAQUE

ISBN : 978-2-7533-0455-0

92 avenue de France, 75013 Paris, France

Christophe GUERRA,
Sophie NOACHOVITCH, Michel MARY,
Julie RIGOULET

FOURNIRET
LE PLUS CRUEL DES TUEURS EN SÉRIE

Documents, photos et témoignages exclusifs

éditions
TÉLÉMAQUE

SOMMAIRE

DOUZE VICTIMES OFFICIELLES

1 - **ISABELLE LAVILLE**
(17 ans)
Tuée le 11 décembre 1987

2 - **FARIDA HAMMICHE**
(30 ans)
Tuée le 12 avril 1988

3 - **MARIE-ANGÈLE DOMÈ**
(18 ans)
Tuée le 8 juillet 198

4 - **FABIENNE LEROY**
(20 ans)
Tuée le 3 août 1988

5 - **JEANNE-MARIE DESRAMAULT**
(21 ans)
Tuée le 18 mars 1989

6 - **ELIZABETH BRICHET**
(12 ans)
Tuée le 20 décembre 1989

7 - **JOANNA PARRISH**
(20 ans)
Tuée le 16 mai 1990

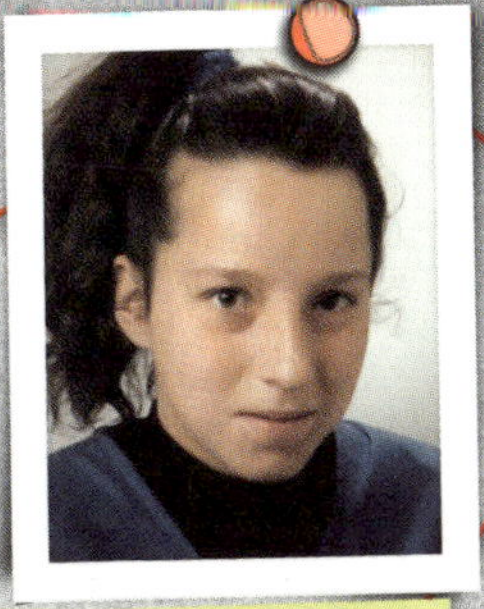

8 - **NATACHA DANAIS**
(13 ans)
Tuée le 21 novembre 1990

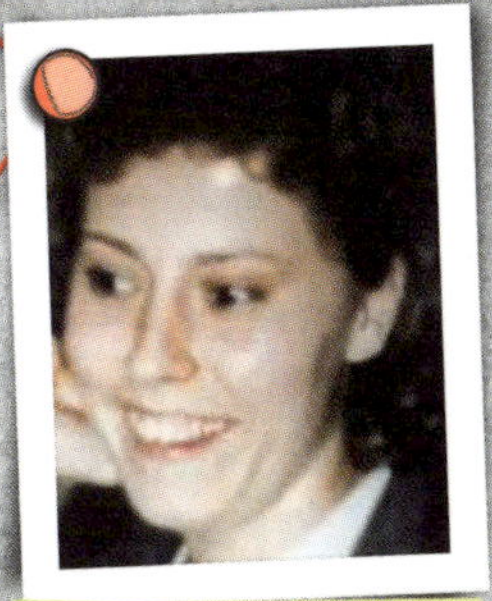

9 - **LYDIE LOGÉ**
(29 ans)
Tuée le 18 décembre 1993

10 - **CÉLINE SAISON**
(18 ans)
Tuée le 16 mai 2000

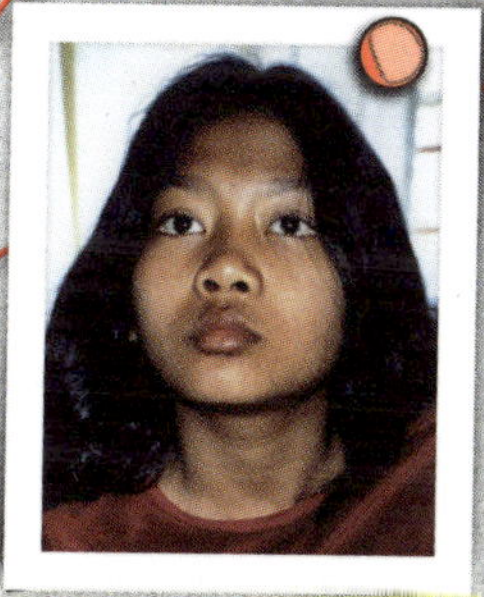

11 - **MANANYA THUMPONG**
(13 ans)
Tuée le 5 mai 2001

12 - **ESTELLE MOUZIN**
(9 ans)
Tuée le 9 janvier 2003

Elles sont douze. Douze martyres tombées dans ses griffes. Piégées, abusées, étranglées, poignardées ou abattues, en l'espace de seize ans, dans sept départements différents. Le tableau de chasse officiel de Michel Fourniret est terrifiant. Et sans doute, en réalité, plus considérable encore…

La petite ville de Floing, dans les Ardennes.

CHAPITRE 1

IL VOULAIT DEVENIR CURÉ

Il y a toujours, dans la musique de Brahms, cette pointe d'inquiétude dans l'exaltation romantique. Ce matin de 1963, c'est un quatuor à cordes qui porte les deux amants. Les paupières mi-closes, les mains jointes en balancier. Annette vit le parfait amour avec ce Michel Fourniret... Petit, chétif, de grosses mains d'ouvrier, certes, mais quelle sensibilité ! Qu'on lui cite un seul tourneur-fraiseur, dans les Ardennes ou ailleurs, qui lise Aragon et Dostoïevski ! Annette, 27 ans, et Michel, 20 ans, vont se marier sous peu. Est-ce l'imminence de la noce ? Les notes voluptueuses du violoncelle qui forcent la dramaturgie ? Ou le besoin de liquider les dernières zones d'ombre ? Infirmière, Annette sait qu'un mal caché peut avoir ses conséquences. Elle prend lentement son souffle, moderato, puis soudain murmure :

— Tu sais, j'ai déjà fait dodo...

Michel se raidit. Il comprend. Sa future femme, contrairement à lui, n'est pas vierge. La faute, explique-t-elle, à un interne en médecine rencontré à l'hôpital de Charleville-Mézières, où elle travaille. Une passade sans importance. Mais l'orgueil de Michel le dévore. Ses mains caleuses tremblent d'un grand tourment intérieur...

— Si j'avais voulu, ajoute-t-elle, j'aurais pu te faire croire que c'était la première fois...

Michel enrage, s'imagine déjà punir le « *déflorateur* ». Son crâne bourdonne. « *La tête dans un étau* », dira-t-il plus tard. Son idéal, son mariage, tout est souillé. « *Pour moi, le monde s'est écroulé, il devenait un tas de merde.* » Voilà, selon Michel, le point de bascule. La fausse note qui fait dérailler la partition, de quatuor romantique à requiem sanglant...

BÉAT D'ADMIRATION DEVANT LES VISAGES DE SAINTES, IL S'ACCROCHE À SON IDÉAL DE FEMME PURE

C'est que cette « pureté » l'obsède. Depuis l'enfance. Né le samedi 4 avril 1942 à Sedan, après son frère André et sa sœur Huguette, Michel est le petit dernier. Il le restera : 1 m 68, à son meilleur. Cette petite taille, il la partage avec le Führer qui, ce même samedi, poing levé à la tribune, vante « *les hommes courageux et capables* ». Sedan en paye le prix fort : la ville est un champ de ruines. On y vit dans la poussière des bombes, la peur de l'occupant, les sales rumeurs. La mère de Michel, Julia Fourniret, bonne à tout faire à la Kommandantur locale, coucherait avec un officier nazi. Quand elle promène sa poussette dans les rues détruites, les regards lubriques s'abattent sur elle. « *Ces types n'avaient pas besoin d'aller au bordel, ils avaient maman, c'était pratique pour eux* », grincera Michel. La guerre finie, Julia faute à nouveau, avec le contremaître d'une usine de chaussons… Son père Gaston enrage, à en casser des balais sur les murs. Il noie son chagrin dans la picole. On le retrouve plusieurs fois roupillant dans un fossé… Mais l'homme reste bon père. Aux beaux jours, il charge sa marmaille dans la remorque de sa bicyclette, direction le petit potager familial dans la banlieue sedanaise. « *Il aimait nous impressionner en dépassant dans les côtes les autres cyclistes* », se souviendra Michel. De ce père métallurgiste-ajusteur, il héritera le goût du travail acharné, précis, voire maniaque. De sa mère : la pingrerie.

« LES FOURNIRET VIVENT CHICHEMENT DANS UN PETIT APPARTEMENT. UN SEAU POSÉ DANS LA CUISINE FAIT OFFICE DE POT DE CHAMBRE. »

Les Fourniret vivent chichement dans un petit appartement de la cour Piot, au 8, avenue du Général Margueritte. Un seau posé dans la cuisine fait office de pot de chambre. Un jour que sa sœur Huguette, en rupture de papier, l'appelle à la rescousse, Michel est pris de dégoût. Et lui tendant un bout de papier-journal, depuis l'extrémité d'un manche à balai, il fait cette découverte écœurante : les filles aussi vont à la selle. Mais le jeune Michel s'accroche à son idéal de femme pure. Dans ces chapelles sedanaises où sa mère le traîne, il reste béat devant les visages de saintes, leurs sourires chastes figés de marbre blanc. Et se fascine pour celle qui, de son pied parfait, écrase le serpent du péché : l'Immaculée Vierge Marie. A 13 ans, « Petit Fourniret » (son surnom à l'école) croit trouver sa voie. Dans le train de nuit qui le ramène d'une colonie de vacances dans la Sarthe, il confie au séminariste chargé du petit groupe :

— Moi aussi, je voudrais être curé…

BIENTÔT, AU LYCÉE, « PETIT FOURNIRET » GAGNE UN NOUVEAU SURNOM : « LE FOURBE »

Curé ou pas, Michel Fourniret n'est pas censé devenir tueur en série. A l'époque, il est même promis à un avenir brillant. Son QI est de 124, très au-dessus de la moyenne. Il passe son certif' avec mention. Dévore le magazine *Science et Vie*. Epate ses profs. Quand il entre au lycée technique Bazin de Charleville-Mézières, ses camarades se méfient pourtant de lui. Peut-être ses manies bizarres? Cette façon de rouler des épaules, ou de positionner son coussin de façon symétrique, au centimètre près, le soir dans le dortoir? Il y a surtout tous ces objets qui disparaissent. Une boîte de compas, un porte-monnaie... Bientôt, « Petit Fourniret » gagne un nouveau surnom: « le Fourbe ». Un jour, un autre pensionnaire retrouve son précieux stylo-plume Pelikan Graphos entre les mains de l'élève Fourniret.

—C'est le mien, soutient Michel.

Sauf que l'objet est gravé aux initiales du plaignant! Deux manuels scolaires de prix, chipés à un surveillant, sont retrouvés dans le casier du Fourbe. Les pions lui flanquent une dérouillée en plein dortoir, façon humiliation publique. *« Orgueilleux comme un pou »*, Michel encaisse sans broncher, le nez en sang. Aussitôt renvoyé, il se tourne vers un CAP de tourneur-fraiseur, se fait embaucher chez Renault, puis aux presses hydrauliques Hody. Son talent tape dans l'œil de Georges Catoire, patron d'une fabrique de pièces automobiles des Yvelines. Là encore, sa minutie impressionne. Michel fait honneur au *« rejet de la médiocrité »*, prôné par son père. En quelque sorte, il choisit son camp. Papa contre maman. L'homme de valeurs contre la femme pécheresse. A 19 ans, Michel, toujours puceau, cherche son Immaculée à lui.

Avec un QI de 124, Michel Fourniret semblait promis à un avenir brillant.

LA FRANCHISE D'ANNETTE N'ANNULE PAS LA NOCE, MAIS CE NE SERA PAS À L'ÉGLISE... ET ENCORE MOINS EN BLANC

Sa rencontre avec Annette, en 1961, tient presque de l'apparition divine. Michel la croise par hasard à l'hôpital Manchester de Charleville-Mézières. L'infirmière a sept ans de plus que lui, un doux sourire, un sage carré brun. L'incarnation de la femme « pure ». Michel, en plein service militaire, doit remettre sa cour à plus tard: le drapeau l'appelle en Algérie pour combattre les fellaghas indépendantistes. Là-bas, il apprend des prises de combat. La patience aussi. Il passe des nuits entières à surveiller une soute à munitions, pistolet-mitrailleur MAT-49 en main. Mais Michel ne pense qu'à sa douce infirmière. Il lui envoie des poèmes fougueux. Quand Annette ouvre ses enveloppes, elle y découvre parfois une fleur séchée, cueillie dans le djebel algérien. Au retour de Michel, Annette lui offre son premier baiser. Elle est conquise. Quelle victoire pour le « petit Fourniret », lui le chétif, le fourbe, le pestiféré!

—Pour coucher avec une femme, le prévient-elle, il faut beaucoup l'aimer...

De cette petite phrase, Michel conclut alors qu'Annette est vierge, comme lui. Mais on l'a vu: à l'aube de leur mariage, c'est sur un air de violons de Brahms que son doux rêve retombe, brutalement, comme dans un seau. Le monde devient *« un tas de merde »*. La franchise d'Annette n'annule pas la noce du 31 mai 1963 à Vrigne-aux-Bois. Seulement, ce ne sera pas à l'église. Et encore moins en blanc.

FOURNIRET BRICOLE BEAUCOUP, IL RÉPARE DE VIEILLES BÉCANES, COULE UNE DALLE DE BÉTON...

Commence alors, pour les jeunes mariés, une petite vie banale. Michel passe un diplôme de dessinateur industriel, par correspondance. Annette devient infirmière surveillante chef de son service. On emménage à Sedan puis, en 1964, naît leur fils Jean-Christophe. On achète à Floing, bourg ardennais de deux mille âmes, un terrain de 6300 mètres carrés. Pour y planter quelques pommiers, poiriers et cognassiers d'abord, puis ériger une grange, sans eau potable, au bout d'un chemin pierreux. Le couple s'y installe en 1966. Jean-Christophe, juché sur les épaules de son père, y cueille ses premières pommes... Michel bricole. Beaucoup. Coule une dalle de béton. Répare de vieilles bécanes. Apprend le russe par lui-même. Potasse son allemand. De son côté, Annette s'essaye au crochet, avec une voisine. On ne fait pas *« dodo »* aussi souvent qu'avant, mais peu importe. Hormis le paquet quotidien de Gauloises et les litres de café qu'il s'enfile, monsieur Fourniret mène une vie sans excès. Mais pas sans secret. Qui sait où il s'en va traîner, de plus en plus souvent, seul au volant de sa 2CV verte...

LA FILLETTE DÉVISAGE LE CONDUCTEUR, DONT LES GROSSES MAINS S'INSINUENT SOUS SON COLLANT

Arrive ce jour de 1966. Pourquoi un dimanche matin? Le souvenir des messes dominicales où « petit Fourniret » admirait les saintes vierges dans les vapeurs d'encens? A Floing, rue du Culot, il y en a bien une, de vierge, en calcaire blanc. Abritée sous une petite chapelle votive au toit d'ardoise gris planté d'une croix sommitale. Derrière sa grille noire de fer forgé, « Notre Dame de la Consolation » veille sur ses paroissiens. Mais pas sur la petite Luce, 11 ans, qui marche là, en direction de l'épicerie. A 24 ans, Michel, selon sa propre formule, commet sa *« première impulsion »*. Descendu de sa 2CV, il apostrophe la fillette:

—Tu peux me dire comment aller au lieu-dit L'Algérie?

Il s'agit d'un hameau, à 2 kilomètres de là.

—C'est pas loin, s'exclame la petite blonde, c'est facile...

—Monte, lui dit-il en lui prenant la main, ce sera plus simple si tu me guides...

Et parvenus au lieu-dit, à l'orée d'un bois de châtaigniers:

—Tu es toute pâle, tu dois être malade...

Interloquée, la fillette dévisage le conducteur, sa tignasse corbeau, sa moustache bien taillée, cette microcicatrice sur le nez... Puis ces grosses mains qui, déjà, s'insinuent sous son collant.

> *« ENLÈVE TA CULOTTE, JE VAIS T'AUSCULTER », GROGNE LE MOUSTACHU À LA FILLETTE.*

—Enlève ta culotte, grogne le moustachu, je vais t'ausculter...

Au milieu des bois, l'homme prend soudain une dimension quasi surnaturelle. La force, la malfaisance, l'appétit d'un... oui... d'un ogre. Sa proie sanglote, tente de repousser ces paluches insidieuses:

—Mon papa sait mieux que vous si je suis malade ou pas! s'insurge la fillette. Il travaille à l'hôpital de Charleville-Mézières!

C'est ici, devant la vierge à Floing, que Michel Fourniret aborde sa première victime.

Tout à coup, l'ogre recule... Le père de la gamine est un collègue d'Annette! Trop risqué. Le pervers préfère relâcher sa proie, en pleurs, mais vivante. Précaution vaine, car la fillette reconnaîtra sa 2CV verte, garée sur le parking de l'hôpital. 255DG08: la plaque confond Michel Fourniret.

—Ignorant ce qui caractérise la virginité, j'ai tenté de voir la réponse auprès d'une enfant...

Michel tente de se justifier, mais rien qui ne convainque les gendarmes. Ils lui reprochent d'ailleurs l'accostage d'une autre gamine de Floing. Annette, horrifiée, le quitte sur-le-champ. Le 8 novembre 1966, le tribunal correctionnel de Charleville-Mézières condamne Michel Fourniret à huit mois de prison avec sursis pour « violences avec préméditation sur mineurs de moins de 15 ans ». A l'énoncé du verdict, les magistrats surprennent-ils le regard que l'accusé lance à la petite Luce? Ces *« yeux perçants »* qui la hanteront à vie? En tout cas, personne n'imagine que ce pauvre petit gnome reviendra quarante-deux ans plus tard, dans ce même tribunal, pour répondre de plusieurs assassinats...

DU CRÉPUSCULE À L'AUBE, IL RÔDE AU VOLANT DE SA DS

Michel a perdu gros dans cette affaire: sa femme, son fils et son job de dessinateur industriel. Retour à la fraiseuse... Son ex-patron, Georges Catoire, n'oublie pas les merveilles trigonométriques de son *« sacré fraiseur »*, capable de calculer, de tête, des angles comme personne. Ainsi, en 1967, c'est dans son tout nouvel atelier de Martizay, dans l'Indre, que Fourniret rebondit. Son paquet de Gauloises posé sur sa machine, il bosse sans s'arrêter. Du soixante heures par semaine *(voir encadré)*. Pas liant, comme collègue. Pas causant. Sorti de l'atelier, il vit comme un ermite. Dans sa maison sommaire du Chambon, loin du centre-bourg, Michel s'enivre de littérature russe. Terminé les quatuors romantiques, place aux sonates sacrées de Bach. Solitaire, il ne tolère que la compagnie de Douchka, une jeune femelle boxer à poil ras, avec les oreilles en pointe. Il la promène parfois jusque sous le comptoir de Louisette, l'épicière du village. Trentenaire piquante, avec son éternel caban vert flashy, la commerçante n'est pas insensible au charme de Michel. Elle aime son côté ténébreux, son vocabulaire. Mais ce dernier tue tout espoir par cette formule crue:

L'atelier Catoire à Martizay.

— Je n'aime que les vierges...

L'épicière n'est pas rancunière. Michel l'aide toujours pour son courrier. Un jour, il se confie à elle:

— Cette nuit, j'ai roulé deux heures...

— Tu as fait quoi?

— J'ai roulé. Fait du chemin.

En réalité, sa nouvelle DS beige ne lui sert pas qu'à « rouler ». Du crépuscule à l'aube, il rôde. Repère les maisons vides. Les cambriole, comme au temps du lycée. Et au hasard du bitume, jette son dévolu sur une jeune conductrice à filer... Un jeu dangereux qu'il s'amuse à évoquer à mots couverts, auprès de ses collègues d'atelier:

— Cette nuit, j'ai suivi une femme...

Pourquoi cet aveu, sinon pour jouer avec le feu? Des « on-dit », balaye le grand patron. Mais celui-ci doit se rendre à l'évidence, ce jour de 1968, quand les gendarmes font irruption dans l'atelier et passent les pinces à son « *sacré fraiseur* »...

En cause, un sacré « dérapage ».

Lorsque Annette le quitte, Michel Fourniret s'installe dans cette maison, à l'écart du village de Martizay.

C'est en sortant du cinéma (il y passait, ce soir-là, *La Guerre des boutons*) que Michel a repéré une « *femme au visage clair* », puis l'a poursuivie dans la nuit. Appels de phare. Dépassement. Panique. La conductrice termine sa course dans un champ.

INTERNÉ EN PSYCHIATRIE, FOURNIRET RETROUVE SON CALME, LOIN DE SES DÉMONS... ET RÊVE D'EXIL

Fuite aussi sec de la DS beige, dont l'immatriculation, encore une fois, accuse Fourniret. Un énième paumé plaqué par sa femme, juge-t-on alors. Des « *pensées suicidaires* », peut-être. Interné en psychiatrie, Fourniret retrouve son calme, loin de ses démons. Entre deux parties d'échecs, son jeu désormais favori, il fait le point, rêve d'exil au Canada ou en Amérique latine. Il s'imagine devenir gardien de phare. Quelques semaines passent. Le voilà libre de réintégrer sa maison. Sa petite chienne Douchka (gardée par un collègue) est si heureuse de le retrouver qu'on ne la tient plus. A les voir se promener tous deux à travers champs, on en aurait le cœur serré. Suspendant un instant sa cueillette de pissenlits, une passante jette sur le duo un regard attendri. Ce jeune homme qui marche... Ce chien qui gambade, jappant de plaisir et ignorant les appels de son maître...

— Douchka ! tonne le marcheur. Douchka !

La chienne se retourne enfin, rapplique en trottinant vers Fourniret. La cueilleuse de pissenlits fronce un sourcil, s'attend à un simple sermon... puis sursaute. Une puissante détonation a claqué dans le vent. La chienne s'écroule dans l'herbe humide, le crâne éclaté. Sous l'œil horrifié de la cueilleuse, l'homme braque à nouveau sa carabine 22. Et d'une deuxième balle, pour être sûr, achève froidement la bête, qui tressaute. Au jaune des pissenlits, bientôt, se mêle le rouge du sang. Michel Fourniret vient de tuer pour la première fois. Ce n'est hélas qu'un début.

Michel Fourniret en compagnie de sa chienne Douchka.

LES SOUVENIRS DE SON ANCIEN COLLÈGUE

Gérard Vioux travaillait aux côtés du futur tueur en série, dans l'atelier automobile de Martizay.

LND : Comment avez-vous rencontré Michel Fourniret ?
Gérard Vioux : C'était en 1968, j'avais 20 ans, je venais d'être embauché à l'usine Catoire comme tourneur sur métaux. Le patron m'a montré mon poste et m'a dit : *« Tiens, voilà ton collègue Michel »*. En gros, je devais dégrossir les pièces métalliques, et lui, les finir avec sa fraiseuse. Il bossait à deux mètres de moi, donc j'ai engagé la conversation. Mais il m'a vite fait comprendre qu'il n'était pas là pour parler...

C'était un bon ouvrier ?
Très bon ! Je le revois calculer des angles avec son pied à coulisse, son paquet de Gauloises posé sur son plan de travail...
Et puis il était cultivé, il parlait bien, ce n'était pas le vulgaire gars d'usine, quoi. Par contre, il ne se mêlait pas à nous. Pendant les pauses, on discutait autour de la table avec nos thermos de café. Fourniret, lui, buvait sa tasse en silence et retournait tout de suite bosser.

Gérard Vioux travaillait au même poste que Michel Fourniret.

Vous n'avez jamais eu de problèmes avec lui ?
Moi, non. Mais un jour, un de mes collègues est monté dans sa DS. Ils devaient se rendre au siège de l'entreprise, dans les Yvelines. A un moment, pendant le trajet, Fourniret a brusquement braqué son volant pour tourner dans une zone industrielle. Il s'est mis à rouler comme un dingue, en grillant les priorités ! Mon collègue lui a dit : *« Mais arrête, tu vas nous faire casser la gueule ! »*. Fourniret ne répondait pas. Puis, au bout d'une dizaine de minutes, il s'est calmé...

Vous saviez que Fourniret cambriolait des maisons la nuit ?
Non. Mais je me souviens qu'un matin, il s'est garé à côté de moi sur le parking de l'usine. J'étais en train de déplier ma blouse. Il a sorti la sienne de son coffre

et j'ai jeté un œil à l'intérieur: il y avait plein de câbles, de micros et de magnétophones! Tout était en pagaille, comme jeté à la va-vite. Je lui ai dit: *« Dis donc, t'en a du matos là-dedans! »*. Fourniret avait l'air gêné, il a refermé son coffre. J'ai ajouté en rigolant: *« Tu enregistres des soirées dansantes ou quoi? »*. Il m'a répondu: *« J'enregistre le chant des oiseaux la nuit au bord des étangs »*. J'ai vraiment trouvé ça bizarre...

Et vous saviez qu'il poursuivait des femmes en voiture?
Je l'ai appris lorsque les gendarmes l'ont arrêté pour cette histoire de conductrice envoyée dans le fossé.

En revanche, on vous avait informé qu'il « accostait » des jeunes filles...
Exact. Un matin, je suis allé au bar-tabac de Martizay pour acheter mon journal et mes cigarettes. Là, au comptoir, un type m'a demandé si je travaillais bien à l'usine Catoire. Puis il m'a dit: *« Vous avez un drôle de gars chez vous! Un petit, pas causant, qui roule en DS! »*.
Le type m'a alors raconté que Fourniret s'était arrêté en voiture à hauteur de sa fille de 13 ans, qu'il avait baissé sa vitre pour l'aborder. La gamine avait pris peur et s'était enfuie... Mais il ne l'avait pas agressée non plus, donc je n'ai pas prêté attention.

Qui est votre dernier souvenir de Fourniret?
C'était en 1960, quand j'ai quitté l'entreprise. Il m'a serré la main et il m'a souhaité une bonne réussite dans mon travail.

Et vous n'avez jamais eu de nouvelles ensuite?
Si, en quelque sorte.
Dix ans plus tard, un ancien collègue m'a fait savoir que Fourniret voulait récupérer un livre qu'il m'avait prêté. C'était un vieux manuel technique sur les fraiseuses et les calculs, avec une couverture en papier kraft rose. J'ai répondu que je pouvais le lui envoyer par la Poste s'il le voulait. Bizarrement, il n'a jamais donné suite...

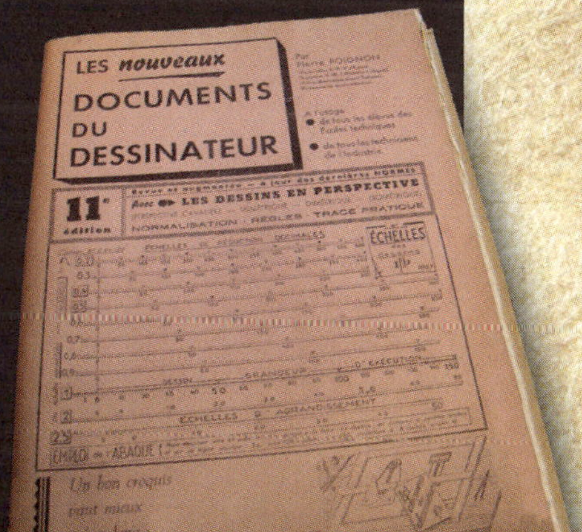

Michel Fourniret avait prêté à Gérard Vioux ce manuel technique. Et avait souhaité le récupérer dix ans plus tard.

Au volant de sa Peugeot, il vadrouille des journées entières.

CHAPITERE 2

LE CHASSEUR DE VIERGES

Paris, gare de l'Est, 11 novembre 1969. Le train en provenance des Ardennes s'immobilise en soufflant sur les rails. Au hasard de la cohue, deux voyageurs engagent la conversation. Elle, longs cheveux châtains, l'allure altière. Lui, chétif, moustachu, rien d'un apollon, mais du vocabulaire... On se découvre des points communs: tous deux sont dessinateurs industriels et viennent des Ardennes. Il se garde bien d'évoquer son départ précipité de l'Indre suite à deux nouvelles visites des gendarmes. De la chienne qu'il a abattue, et encore moins de la cycliste envoyée exprès dans le fossé... Mais déjà le train trépigne, repart. La jeune femme secoue mollement son bras blanc. Michel reste seul, sous la verrière. Il lui écrira.

NICOLE EST VIERGE, FOURNIRET DEVRAIT S'EN RÉJOUIR, MAIS SON PREMIER ÉCHEC AVEC ANNETTE NE PASSE PAS

Une cour assidue a fini d'abattre, chez Nicole Clerget, les dernières barricades. De son passé, Michel lui a brossé un tableau pathétique: et qu'Annette le faisait cocu avec tout l'hôpital, et qu'il est passé par d'affreux mois de dépression... Au point d'atterrir en maison de repos! Tout un mélodrame... Elle aime sa franchise, sa sensibilité. Dans sa petite cuisine d'Issy-les-Moulineaux, la jeune femme tranche en silence ses œufs durs – si ronds, si blancs, si purs. Instant suspendu dont Fourniret se souviendra avec émotion: *« A ce moment-là, je lui dis que je l'aime bien... »*. *« Je t'aime »*, répond Nicole.

A ces tendres aveux succèdent bientôt les premiers gestes, les premières caresses... Nicole, dont l'amoureux précédent manquait quelque peu de vigueur, s'avère encore vierge, à 28 ans. Sur les draps, quelques gouttes écarlates en attestent – signature qui devrait emplir Fourniret de fierté triomphante... Mais ne fait, hélas, que raviver son amertume. Décidément, son premier échec avec Annette ne passe pas. Néanmoins, le couple se marie, s'accommode d'une sexualité à la *« papa-maman »*, comme il dira. Justement, les enfants arrivent. En août 1971 naît Nicolas. Puis, quinze mois plus tard, Anne et Marie-Hélène, des jumelles. Un temps passée par Floing, la « nouvelle » famille Fourniret plante ses pénates route de Paincourt à Clairefontaine (Yvelines). Une maison d'un étage héritée par Nicole et que Michel veut embellir. Il monte une verrière, une balançoire pour les gosses. On les emmène gambader à la carrière de sable toute proche, cueillir des champignons, observer les chevreuils grignoter la mousse des bouleaux. Courte parenthèse de bonheur.

> UN TEMPS PASSÉE PAR FLOING, LA « NOUVELLE » FAMILLE FOURNIRET PLANTE SES PÉNATES À CLAIREFONTAINE.

SON CARNET DE COMMANDES FOND À VUE D'ŒIL

C'est qu'à Clairefontaine, la vie n'est pas rose. Enfermé dans son atelier de bricolage, Michel n'en sort que pour rabrouer ses enfants. « Petit Fourniret » devient despote. L'une des jumelles chipe quelques bonbons dans le vide-poche de la 504? Elle passe trois heures complètes attachée à la niche du chien! Pour punir sa progéniture, Michel les réunit parfois tous les trois en ligne dans le salon, prenant son temps, laissant planer le suspense sur la sanction à venir... Son bouc émissaire reste son fils Nicolas. Jamais assez fort, jamais assez *« doué »* de ses mains. Sous-entendu: pas comme lui. Les excès de son mari poussent Nicole à s'interposer.

— Toi, lui lance-t-il alors, je ne te posséderai jamais complètement.

L'orgueil, toujours. De 1973 à 1978, trois entreprises le renvoient. Trop chicaneur comme employé. Trop fier. Michel finit par s'installer à son compte en créant les « Ateliers de la Jonquière »: dessin industriel, mécanique de précision. L'*« artisan-constructeur-inventeur »*

Fourniret en 1969.

(comme il se définit lui-même) se met à concevoir des machines, dont un prototype de « banc de finissage » pour cordonniers. Mais, humiliant avec ses employés, pas commercial pour deux sous, Michel voit son carnet de commandes mincir à vue d'œil. Il se met alors à vadrouiller des journées entières, au volant de sa Peugeot 504 break sombre, pour *« démarcher des clients »*, dit-il à Nicole. En vérité, le prédateur a repris sa chasse...

IL COMMET L'ERREUR DE LES LAISSER PARLER...

Son territoire s'étend sur trois départements: les Yvelines, l'Essonne et l'Eure-et-Loir, avec de rares incursions aux portes de Paris. Ses préférences vont aux abords de lycées, aux parkings de supermarchés, aux arrêts de bus... Son matériel ? Un rouleau de corde. Une fiole en plastique orange contenant, prétendument, du vitriol. Et un antique pistolet 6,35 mm, une sorte de petit flingue de poche. L'arme, en vérité, en impose si peu qu'en 1983 la jeune Odile, balayant le canon d'un revers de la main, lui rira au nez. Comment croire à ce laïus qu'il sert à ses victimes, de gangster en cavale poursuivi par les flics ? Avec son mètre 68, ses 64 kilos et son break de bon père de famille, peu de femmes s'y laissent prendre. Et quand il parvient à les embarquer sous la menace de la fausse fiole de vitriol, ce n'est guère probant. Fourniret parle trop. Comme avec cette lycéenne de 15 ans prise en stop à Marly-le-Roi, dont il attache la main au levier de vitesse et qu'il conduit en forêt. Alors qu'il l'assaille de questions sur l'*« épaisseur de sa membrane »*, il lui raconte sa première déconvenue conjugale, ce *« dodo »* dévastateur. Résultat :

—J'aimerais me marier vierge, supplie la jeune fille, pour ne pas connaître ce que vous avez connu...

Même erreur avec cette publicitaire de 21 ans qu'il séquestre dans un bois versaillais. Elle aussi s'engouffre dans la faille :

—Mon mari vient de me demander en mariage... Et je suis enceinte...

—Vous me prenez par les sentiments... soupire Fourniret, avant de jeter sa fiole par la fenêtre.

Surpassé en intelligence par ses proies, le chasseur se dégonfle. Et, dans un *« grand désarroi »*, reconduit piteusement les jeunes filles à leur voiture, leur bouche de métro ou leur immeuble. Sandrine, Odile, Marie, Fathia, Florence... Toutes échappent au pire. Parce qu'elles prononcent la bonne phrase au bon

Michel Fourniret a enlevé Dahina à la sortie de la gare d'Epernon (Eure-et-Loir).

moment. Parce que le prédateur manque encore de détermination... jusqu'au samedi 4 septembre 1982. Il l'appellera son *« cas le plus grave »*.

Il est 22 h 40, un train arrive en gare d'Epernon (Eure-et-Loir). La jeune Dahina descend de son wagon, elle rentre d'une après-midi chez sa meilleure copine. Le teint hâlé, plutôt jolie dans son gros pull : elle se planque. Se trouve moche. On n'est pas lucide quand on a 14 ans... Les minutes passent. Dahina guette en vain sa mère, censée venir la chercher. Celle-ci reçoit des amis ce soir, elle n'a pas dû voir l'heure tourner... Dahina se décide à rentrer seule. Après tout, elle n'a qu'un kilomètre à marcher. L'ado s'élance donc dans la rue pavée, sort du halo des réverbères. Embusquée à quelques mètres de là, dans l'ombre, la 504 patiente en silence... Une seconde plus tard, l'homme fond sur sa proie, agite sous son nez une fiole orange, contenant un liquide verdâtre.

—C'est du vitriol. Si vous résistez, si vous criez, je vous défigure.

Son mode opératoire ne varie pas. Après l'*« accostage idoine »*, place aux bobards, à la grande scène du braqueur en cavale. Le hold-up qui tourne mal, la voiture volée, la police aux fesses. Il cherche à gagner Chartres et compte sur elle pour le guider.

—Mais ma mère m'attend, bredouille Dahina. J'ai 14 ans, je ne peux pas vous aider...

—Faites-moi confiance.

Il l'abandonnera, assure-t-il, au prochain village. Dahina, pétrifiée, se

LE CALVAIRE PROLONGÉ DE DAHINA

La jeune Dahina, abusée en 1982, recevra, hélas, maintes « nouvelles » de son bourreau. Elle découvrira d'abord que Fourniret lui a écrit une lettre, interceptée par la justice : *« Mademoiselle, mon initiative insensée a causé votre angoisse (...) Je n'avais pas conscience de la gravité de cette entreprise (...) L'ambition de cette lettre est de vous aider à oublier ce cauchemar, abolir vos inquiétudes (...) Qu'il me soit permis de (...) recouvrer ma dignité humaine, et d'obtenir votre pardon. Veuillez croire, Mademoiselle, à mon très grand respect. Fourniret. »* Encore plus immonde, cette seconde missive reçue par Dahina, chez elle, le jour de ses 16 ans. *« Il avait dessiné des petites silhouettes se tenant la main dans une espèce de ronde. Et les signatures de tous ses codétenus de Fleury-Mérogis*, raconte Dahina. *J'ai vécu cela comme une menace directe, concrète. Il pouvait revenir dans ma vie à tout moment puisqu'il s'était procuré ma nouvelle adresse. Un ancien codétenu (...) raconte que Fourniret, en prison, parlait sans cesse d'une « blackette », une de ses victimes (...) Cette blackette ne pouvait être que moi (...) Ainsi cet homme continuait à fantasmer, à ressasser ses souvenirs pour me violer à nouveau dans sa tête. »*

Mais pour Dahina, la pire

épreuve reste celle confrontation du 15 octobre 1984 au tribunal d'Evry. Econduite par la greffière, sa mère doit rester à la porte. L'ado de 16 ans se retrouve seule face au nouveau juge d'instruction, un jeune, *« poli mais froid »*. Il fait asseoir Dahina avant de faire entrer, d'un signe de la main... Fourniret lui-même ! Son regard bleu glacé la foudroie. Personne ne l'a avertie qu'il serait là ! Et Fourniret de prendre place, courtoisement, à côté d'elle... Lequel confirme poliment le récit de *« Mademoiselle »*, rectifiant ici et là quelques détails. *« Comme une araignée tisse sa toile »*, Fourniret pèse ses mots, affine ses déclarations. Son but : faire requalifier le *« viol sur mineure »* en simple *« attentat à la pudeur »*.

Dans le bureau, l'ambiance se charge de testostérone. Juge et avocat de la défense mitraillent la plaignante de questions. Dahina les reçoit comme autant de crachats au visage. Pourquoi avoir fait preuve, cette nuit-là, de tant de *« passivité »* ? Avait-elle fumé du cannabis avec sa copine ? Pourquoi avoir accepté, après coup, ces 45 francs des mains de Fourniret ? Pour téléphoner à sa mère, vraiment ? Et puis, pourquoi lui a-t-elle souhaité *« bonne chance »* en le quittant ? C'est pourtant simple : Dahina, comme n'importe qui d'autre, aurait dit n'importe quoi pour s'en sortir vivante ! Mais trop jeune, trop seule, l'adolescente perd ses moyens. *« Je suis sortie de là en pleurs,* écrit-elle dans son livre, *avec le sentiment d'avoir été souillée une deuxième fois. »*

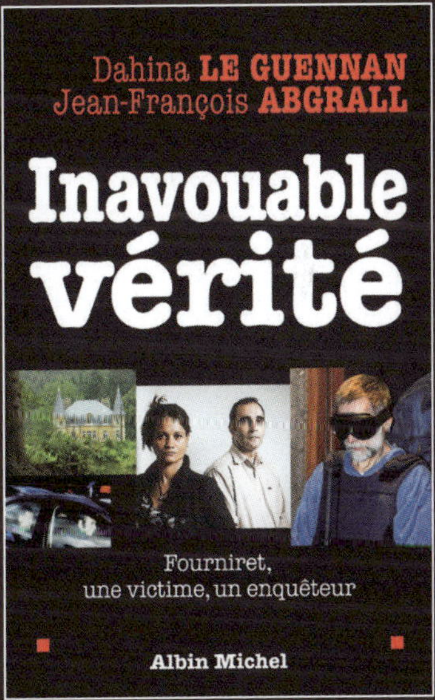

Le livre de Dahina Le Guennan et Jean-François Abgrall, *Inavouable Vérité*, aux éditions Albin Michel.

recroqueville sur le siège passager. Cet homme la terrifie avec son vouvoiement étrange, sa courtoisie, ses « *mademoiselle* »... Et puis ses grosses mains disproportionnées: la droite, qui serre le flacon de liquide verdâtre, et la gauche, qui pilote le volant dans les méandres de la D906, plongée dans la nuit. Un panneau, sur le talus, fuse dans un éclair blanc: Maintenon.

—Vous me laisserez partir quand?

IL LA FÉLICITE POUR SON FRANÇAIS, SES LIAISONS IMPECCABLES DES PLURIELS

La 504 traverse la commune sans s'arrêter. Le pseudo-braqueur interroge l'ado sur ses origines métissées, sénégalaises en l'occurrence. La félicite pour son français, ses liaisons impeccables des pluriels. Il commence aussi à se livrer. Evoque son premier mariage déçu, disserte sur la virginité et sa nature mythique. Rien, dans ce monologue, ne colle avec le scénario du gangster en fuite. Et la voiture s'enfonce dans la campagne endormie... « *J'ai l'impression que mon cerveau se scinde en deux* », expliquera Dahina dans son livre, *Inavouable Vérité*. « *Une partie de moi sait qu'il va se passer quelque chose de grave, tandis que l'autre veut à tout prix croire ce qu'il me raconte.* » Peut-être qu'en disant « oui », en restant calme... Mais non. Arrivé à Bouglainval, au milieu d'un champ désert, l'homme coupe le contact. Puis, de nulle part, extrait une grosse corde, avec nœud coulant prêt à l'emploi. Dahina panique. Lui joue encore sa partition du gentleman-braqueur: il doit abandonner la voiture pour égarer ses poursuivants. C'est presque en s'excusant qu'il passe le nœud coulant autour du cou de Dahina, lui lie les poignets et l'attache à son siège:

—Sinon, vous donneriez l'alerte. Arrivé au village, je préviendrai. On viendra vous délivrer.

—Il faudrait envoyer quelqu'un vite, halète Dahina, paniquée. Je ne veux pas rester attachée là toute seule dans le noir, je...

—Je n'ai pas besoin de vos conseils, la coupe-t-il sèchement.

Avant de basculer le siège de Dahina en arrière:

—On va faire un simulacre de viol pour que vous ne soyez pas accusée de complicité...

Le masque est tombé. Les yeux bleus, impitoyables, de Fourniret. Ses lèvres. Son souffle, sur sa peau nue... Ses doigts nerveux, farfouillant péniblement la boucle de sa ceinture. Dans son livre, Dahina raconte la scène dans toute son horreur, crûment, sans fard. La corde sur son cou... Et cette grosse main, encore, sur son ventre d'enfant :

—Vous êtes vierge ?

—Non, je l'ai déjà fait...

Ce mensonge en a sauvé d'autres. Il ne la sauvera pas. Décidé à aller jusqu'au bout, Fourniret baisse sa braguette, ivre de *« la posséder »*. Trop, sans doute. *« Je n'ai pas pénétré cette demoiselle, j'ai seulement éjaculé sur sa toison »*, nuancera-t-il, comme si c'était moins grave. Sous le choc, Dahina tremble de tout son corps.

Fourniret photographié a son arrivée à la prison de Fleury-Mérogis, en 1984.

—Vous avez froid ? Vous voulez vous rhabiller ?

Lui a déjà remonté son pantalon. Et après un long silence, les mains sur le volant :

—Je sais que je n'aurai pas dû faire ça...

La voix est suppliante, ridicule. Et le « petit Fourniret », plus petit que jamais :

—Je ne sais pas ce qui m'a pris. Ecoutez : vous ne devez rien dire, ne pas porter plainte... Ce n'est pas pour moi : moi, je m'en fous ! Mais c'est pour ma femme, mes enfants... Ça ferait des histoires pour pas grand-chose. Il ne s'est presque rien passé. Vous êtes d'accord, n'est-ce pas ? Presque rien...

Ce *« presque rien »*, Dahina se l'entendra répéter toute la nuit. Au commissariat de Rambouillet ? Pas leur secteur. Chez les gendarmes des Yvelines ? Pas le bon département. Ce n'est qu'à 5 heures du matin que la brigade de Maintenon daigne recevoir sa plainte. Alors qu'une incision de 2 millimètres est décelée sur son hymen, un médecin assène à sa mère ces mots d'un autre temps :

—Allons, ce n'est pas si grave !

Et d'un ton paterne, en haussant les épaules :

—Ça ne l'empêchera pas d'avoir une vie normale !

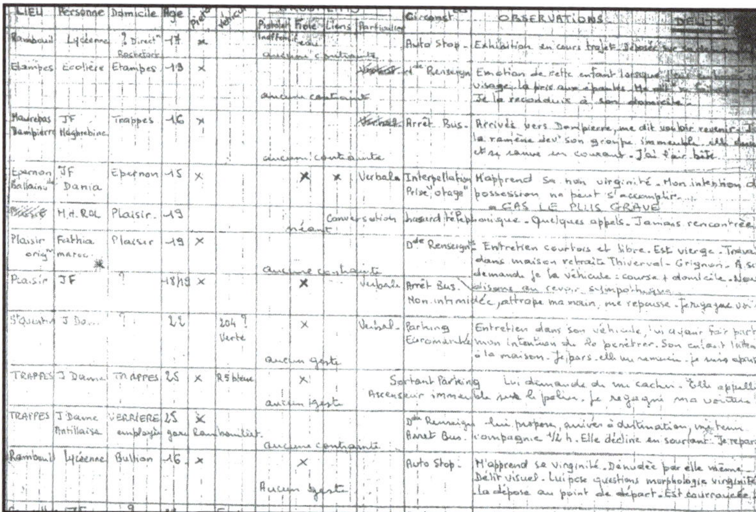

LIEU	Personne	Domicile	Âge	Piéton	Véhicule	Pistolet	Fiole	Liens	Particulier	Circonst.	OBSERVATIONS
Rambouil	Lycéenne	? Direct[illegible] Rochefort	17	x		Indifférente aucune contrainte				Auto Stop	Exhibition en cours trajet. Déposée [illegible]
Etampes	Ecolière	Etampes	13	x		aucun contact			~~Verbal~~	Dde Renseign	Emotion de cette enfant lorsque [illegible] visage. La prise aux épaules. [illegible] Je la reconduis à son domicile.
Maurepas Dampierre	JF Maghrebine	Trappes	16	x		aucune contrainte			~~Verbal~~	Arrêt Bus	Arrivés vers Dampierre, me dit vouloir revenir. Je la ramène devt son groupe immeuble. Elle [illegible] et se sauve en courant. J'ai l'air bête.
Epernon Ballainv[illegible]	JF Dania	Epernon	15	x			X	x	Verbale	Interpellation Prise "otage"	M'apprend sa non virginité. Mon intention de possession ne peut s'accomplir… CAS LE PLUS GRAVE
[illegible]	M.H. ROL	Plaisir	19			néant		Conversation		hasard téléphonique	Quelques appels. Jamais rencontrée.
Plaisir orig[illegible]	Fathia maroc.	Plaisir	19	x		aucune contrainte				Dde Renseignts	Entretien courtois et libre. Est vierge. Travail dans maison retraite Thiverval-Grignon. A sa demande je la véhicule : course + domicile. Nous disons au revoir sympathiquement
Plaisir	JF	?	18/19	x			X		Verbale	Arrêt Bus. Non intimidée	attrape ma main, me repousse. Je rengage [illegible]
St Quentin	J Do…	?	22		204 ? Verte	aucun geste	x		Verbal	Parking Euromarché	Entretien dans son véhicule, lui ayant fait part mon intention de le pénétrer. Son enfant l'attend à la maison. Je pars. Elle me remercie. Je suis [illegible]
TRAPPES	J Dame	TRAPPES	25	x	R5 bleue	aucun geste	x			Sortant Parking Ascenseur immeuble	Lui demande de me cacher. Elle appelle sur le palier. Je regagne ma voiture.
TRAPPES	J Dame Antillaise	VERRIERE employée gare Rambouillet	25	x		aucune contrainte				Dde Renseign Arrêt Bus	lui propose, arrivée à destination, me tenir compagnie 1/2 h. Elle décline en souriant. Je repars
Rambouil	Lycéenne	Bullion	16	x		Aucun geste	x			Auto Stop	M'apprend sa virginité. Dénudée par elle même. Délit visuel. Lui pose questions morphologie virginité. La dépose au point de départ. Est courroucée.

En 1984, Fourniret établit le bilan de ses agressions.

SON CODÉTENU FAIT PASSER LE MOT DANS LES COURSIVES : PAS TOUCHE À « POPEYE »

Presque rien, cette peur au ventre ? Jusqu'au bout, Dahina a cru qu'il la tuerait. Désormais, c'est d'avoir rompu sa promesse de se taire qui la terrifie. Les jours suivant son agression, elle surprendra l'ombre blanche de la 504 aux abords de chez elle. Fourniret prend des risques. Et il va commettre une erreur. Fatale.

Accostée le 23 mars 1984 sur le parking d'un Intermarché, Catherine, 20 ans, lui fait l'effet d'une *« Sainte Vierge derrière son pare-brise »*. Fourniret la menace de son pistolet 6,35 mm, s'incruste dans sa R5 blanche, la force à conduire jusqu'à un chemin de terre. Mais Catherine sort les griffes, hurle. Déstabilisé, Fourniret la relâche. Elle alerte tout de suite son fiancé policier. Retrouvé près de l'Intermarché, ramené par le col roulé à la gendarmerie de Mennecy (Essonne), Fourniret chouine. Il prétend qu'il venait là acheter des bonbons, qu'une pulsion l'a pris en voyant cette femme sur le parking… Puis admet. Cela fait des années qu'il *« chasse »* des vierges :

—Je pense que si je n'avais pas été interpellé, j'aurais continué.

Et l'homme d'avouer une quinzaine d'agressions de jeunes femmes, commises de 1977 à 1984 ! Prévenue, Nicole débarque en catastrophe à la brigade et tombe sur son mari en pleurs, la suppliant à genoux comme un minable :

—Pardonne-moi, je t'en supplie, pardonne-moi !

Il n'y aura ni pardon, ni miracle. Fourniret est inculpé pour sept agressions (dont le viol de Dahina), puis écroué à Fleury-Mérogis. Conduit à l'aile gauche du bâtiment D3, au premier étage, il peut craindre le pire. Son statut de « pointeur » lui promet des insultes quotidiennes, voire quelques dérouillées dans les douches... Mais en investissant la cellule triplée n° 63, le matricule 130655 a la main heureuse. Il suffit d'un bref échange et d'une tasse de café pour que l'un de ses deux codétenus fasse passer le mot dans les coursives : pas touche à « Popeye ». Ce surnom, Fourniret le doit à sa taille minuscule et à *« ses grosses mains de jardinier »*. Quant à la sympathie qu'il inspire à Jean-Pierre Hellegouarch, bien malin qui saurait en comprendre les raisons...

JEAN-PIERRE HELLEGOUARCH, PORTRAIT D'UN GANGSTER

Breton d'origine modeste, Hellegouarch devient chaudronnier, puis truand dans la banlieue sud de Paris. Anarchiste dans l'âme, il descend avec des militants basques à Madrid pour un « braquo ». Un policier prend une balle. Et lui, à 24 ans, la peine de mort... Mais Hellegouarch s'évade, refait sa vie incognito dans le Val-de-Marne. Son coup de foudre pour Farida Hammiche, une belle Algérienne de 21 ans, ne le change pas. Un gangster reste un gangster. Trafic de travellers chèques, revente de pistolets-mitrailleurs, recel d'héroïne... Hellegouarch joue avec le feu, fricote même avec les terroristes d'Action directe. Il tombe début 1983 et atterrit dans la cellule n° 63 de Fleury-Mérogis, bientôt rejoint par Michel « Popeye » Fourniret. Leur amitié finira dans la haine et le sang. A lire dans les chapitres suivants.

Crâne rasé, sourcils en bataille, nez de boxeur : ce Breton de 41 ans n'a rien d'un tendre *(voir encadré page suivante)*. Des minus comme Michel, il en mange dix au petit déjeuner. Mais à le voir toujours plongé dans ses bouquins, son petit transistor réglé sur Radio Notre-Dame, Hellegouarch s'attendrit. Au fond, ils ont le même âge, les mêmes origines ouvrières. Et ce Michel est cultivé, on peut tchatcher avec lui. De tout, de rien, de gonzesses. Hellegouarch en a une : Farida, sa compagne algérienne, son grand « *amor* » dont les photos couvrent l'armature de son lit en fer. Michel le complimente, lui apporte des cafés, prépare les repas. Hellegouarch apprécie la servilité de ce « *charlot* » qui le sert « *comme un toutou* ». Pourquoi se méfier ? Fourniret occupe son temps à noircir du papier de ses pattes de mouches, dans un épais nuage de Gauloises. Assis à sa petite table, sous la lucarne en forme de croix christique, le nabot semble rédiger ses évangiles... Il écrit en fait à Elise Annicchiarico. « Sa » juge d'Evry.

ESPÈRE-T-IL, PAR CE PONTIFIANT CHARABIA, S'ACCORDER LES BONNES GRÂCES DE LA JUGE ?

C'est d'abord, tracé au stylo noir, un grand tableau récapitulatif de ses quinze agressions, pompeusement titré « *Synoptique des délits ou synthèse* ». Fourniret y recense sur plusieurs colonnes les détails de ses attaques. Victime « *vierge* » ou non. Menace avec ou sans « *vitriol* ». Ici, il note l'« *émotion de cette enfant lorsque j'eus embrassé son visage* ». Là, revient sur Dahina, son « *cas le plus grave* », en lettres capitales, soulignées. Il entame :

—J'ai l'honneur de solliciter votre attention à la lecture de cette trop longue biographie. N'étant pas un professionnel de l'expression orale, seule la voie épistolaire me permet d'être moi-même.

Tout Fourniret est là, dans ces formules ampoulées, pleines de prétention. Dans une première partie intitulée « *L'homme et son origine* », il se paye le luxe d'une auto-analyse sauvage : « *Type humain : nerveux, cérébral, penseur. Spoliation, enfant, de l'affectif maternel. Idéal d'existence placé dans la fiancée et l'épouse, sa blancheur. La réalisation de cet idéal sublimant, étant imparfaite, a pu engendrer la fixation et la cristallisation du mental sur le sujet de la virginité.* » Un charabia indigeste, mais plein de stratégie. Fourniret joue la repentance (« *Je ne suis pas fier* »), minimise ses actes, parle d'un « *entretien courtois et libre* » avec l'une de ses victimes... Surtout, il alerte la juge sur le risque d'un *« éclatement du foyer »*. Qu'on le libère, qu'on pense à sa femme, à ses enfants! Au chagrin d'une famille! A la tristesse de Nicolas qui va fêter sa communion sans son père! Silence de plomb en retour. Michel s'acharne, multiplie les courriers délirants. En septembre 1984, désormais seul dans sa nouvelle cellule n°39, il envoie même ses *« réflexions »* sur son rapport à Dieu. Les jours passent. Les années... En mars 1986, son divorce avec Nicole est prononcé. Michel encaisse. Son apparente tranquillité lui vaut d'obtenir un travail à la « cantine », la supérette de la taule. Perché sur un escabeau, il gère le stock des marchandises destinées aux détenus: clopes, shampooing, boîtes de sardines... Et les journaux, par paquets.

SON ANNONCE EST PASSÉE, L'HAMEÇON EST LANCÉ

Un seul titre, toutefois, semble l'intéresser personnellement. Un hebdomadaire catholique, qu'il feuillette chaque vendredi: *Pèlerin Magazine*. Ce 12 décembre 1986 paraît le n° 5428. En prévision de Noël, le magazine consacre sa une à un dossier *« Spécial jouets »*. Sur la couverture jaune poussin, une petite fille modèle et son frère, une poupée dans chaque bras, rient aux éclats de toutes leurs dents de lait. Les jouets, Fourniret n'en a cure. Pas plus que *« la féerie des éléphants »* ou l'interview de l'Abbé Pierre annoncés au sommaire. A la rigueur, ce dossier de société, *« Etes-vous agressif ou soumis? »*, pourrait bien l'intriguer... Mais il file droit à son but, descend la colonne d'encre et, plissant les yeux sur les petits caractères, déchiffre: *« Prisonnier aimerait correspondre avec pers. de tout âge pour oublier solitude »*. Son annonce est passée, l'hameçon est lancé. Cette petite annonce anodine est le vrai tournant de « l'affaire Fourniret ». Comme une bouteille à la mer, bientôt mêlée de sang...

L'annonce passée par Fourniret dans *Pèlerin Magazine*, en décembre 1986.

PORTRAIT

MONIQUE OLIVIER, LA « MÉSANGE »

Un vieux numéro de *Pèlerin Magazine* traîne sur la table basse. Le « Spécial Jouets », d'avant Noël... Dans cette maison de Vic-le-Fesq, dans le Gard, les enfants ne sont pourtant pas légion. N'y résident que la propriétaire des lieux, paralysée après une forme aiguë de poliomyélite, et son auxiliaire de vie, une certaine Monique Olivier, 38 ans.

Si cette dernière feuillette le magazine, c'est qu'à part laver les aisselles de sa patronne au gant de toilette, elle n'a rien de mieux à faire. Les cheveux noirs et raides, le teint cireux et quelques dents en moins, elle est de ces femmes qui attirent la pitié sans inspirer la sympathie.

Issue d'un milieu modeste (mère au foyer, père peintre en bâtiment), elle est née à Tours, sous le signe du Scorpion. A l'école, on la surnomme « la Girafe » en raison de sa taille. Effacée, inaudible, Monique fuit la compagnie de ses petits camarades. Sa mère doit même la traîner à la patinoire pour l'obliger à se faire des copines. *« Faible estime de soi »*, diagnostiqueront plus tard les psychiatres. *« Nunuche »*, *« passive »*, *« sans intérêt »*, résumeront ses patronnes successives.

SOUMISE DEPUIS TOUJOURS

« Etes-vous agressif ou soumis ? » interroge la couverture du *Pèlerin*. Pour Monique, la réponse est vite trouvée. Toute sa vie, elle a dit « oui ». A tout. « Oui » à son père pour se former comme dactylo, alors qu'elle se rêvait coiffeuse, médecin ou archéologue. Résultat : elle se retrouve à pratiquer un métier qu'elle n'aime pas, à raison d'une faute d'orthographe par ligne. « Oui » quand son patron lui hurle qu'elle est nulle. « Oui » lorsqu'un jour, en gare de Thionville, un militaire lui propose l'hospitalité de sa chambre d'hôtel. *« Il est monté sur moi, et voilà. »* Voilà comme, à 20 ans, la Girafe perd sa virginité – *« bêtement »*, ajoutera-t-elle, avouant en avoir gardé une profonde culpabilité.

« SI JE DEVAIS DÉCRIRE MONIQUE DURANT LES DIX ANS OÙ JE L'AI EUE COMME COMPAGNE, JE DIRAIS QUE C'EST QUELQU'UN DE TRÈS SIMPLE, PASSIVE, N'OSANT PAS PRENDRE DE DÉCISION. ELLE ÉTAIT CRAINTIVE, TRÈS VULNÉRABLE, N'IMPORTE QUI POUVAIT EN FAIRE N'IMPORTE QUOI. ELLE N'AVAIT PAS CONFIANCE EN ELLE. »

Audition d'André Michaut, l'ex-compagnon de Monique, le 23/02/2005.

« Oui » encore quand sa mère, alcoolique et malade d'Alzheimer, réclame sa présence permanente et l'embarque pour de mornes balades en bord de plage. La vingtaine passée, Monique n'a aucune vie sociale. Elle prend la poussière et tourne en rond, comme ses vinyles des Rolling Stones.

« Oui » quand, à la mort de maman, un gérant d'auto-école de son quartier jette son dévolu sur elle. André Michaut a 37 ans, neuf de plus qu'elle. Il a le teint hâlé, l'accent et le bagout pied-noir. Ex-flic à la DST, il a « officié » en Algérie et sait s'y prendre. Monique ne résiste pas longtemps et s'installe avec lui à La Chapelle-sur-Erdre

(Loire-Atlantique). Deux fils (Murphy, en juin 1980, et William, en août 1981) naîtront de leur union. Et Monique continue de dire « oui » sans broncher. Quand André, alias « Salvator », la fait poser nue pour ses peintures à l'huile. Quand il lui impose d'étranges acrobaties sexuelles dans l'escalier. Quand elle doit « soulager », à contrecœur, un copain d'André sous le pont d'une zone industrielle.

A force, le couple se délite. Hauts. Bas. Ruptures. Reconquêtes. Violences.

— Il m'a frappée, soutiendra Monique. Il m'a craché à la figure et il a tenté de m'étrangler. Il m'a plongé la tête sous l'eau... Il me disait que c'était comme ça qu'on faisait parler les Arabes en Algérie.

Lui niera, tout comme l'épisode de la gâterie sous le pont :
— Madame n'avait pas besoin de moi pour ce genre de bêtises.

Après un bref séjour dans un foyer pour femmes battues, Monique trouve refuge chez une amie. Puis cet emploi de garde-malade. Là encore, elle dit « oui ». Pour dépanner Mark Wilson, un étudiant américain sans permis de séjour, elle accepte de l'épouser. Une fois ses papiers en poche, que croyez-vous qu'il arriva ? Divorce, abandon et dents qui tombent... Pour traiter son mal de dos, Monique carbure au Rohypnol. Traîne son mal-être de la chambre au salon. Qui d'autre qu'une malheureuse pour feuilleter au printemps 1987, des mois après sa parution, un vieux magazine catholique ?

LE COURRIER QUI CHANGE TOUT

C'est à la page des petites annonces qu'émerge sa *« bouée de sauvetage »*. En onze mots : *« Prisonnier aimerait correspondre avec pers. de tout âge pour oublier solitude »*. Et elle ? N'est-elle pas aussi prisonnière ? De son corps trop grand, de son passé trop lourd ?
« Ce qui m'intéressait, c'était d'exister pour quelqu'un. J'étais seule. Je voulais sortir de la solitude. »
Alors Monique prend la plume et envoie sa réponse.
Dès lors, l'horrible histoire peut s'enclencher. La *« rencontre de l'allumette et du jerrican »*. Celle du couple criminel français le plus terrifiant. Il sera son « Shere Khan », elle sa « Natouchka ». Lui son *« petit taulard préféré »*, elle sa *« mésange »*. Ou, comme le résumera un expert psychiatre : son *« permis de tuer »*.

Entre eux, tout est allé très vite : il s'est écoulé moins d'une année entre leurs premières lettres échangées et le meurtre d'Isabelle Laville, leur premier crime commun.

CHAPITRE 3

LE PACTE DIABOLIQUE

Suspension d'audience. Ils ont deux minutes. Deux minutes pour se voir, se toucher les mains. Lui, dans son box en plexiglas. Elle, la grande bringue aux cheveux raides, plantée devant la cage de son « fauve ». 120 secondes seulement, avant de rejoindre son banc de bois... Il y a plus romantique pour une première rencontre. Ce 25 juin 1987, la cour d'assises d'Evry juge Michel Fourniret. Lui, de son regard bleu perçant, juge l'allure de Monique Olivier. Ils se voient enfin, en chair et en os.

Voilà des mois qu'ils correspondent. Dès sa première lettre celle du 27 février, Monique annonce la couleur: *« Je suis coupée de tout, je n'ai même plus d'amis, c'est le désert complet »*. Michel, de son côté, évoque de vagues *« faits de mœurs »* pour expliquer sa détention. Mozart en fond sonore, le prisonnier de 45 ans envoie de longues épîtres, joignant des timbres de 2,20 francs pour s'assurer que Monique réponde. Il l'appelle sa *« mésange »*, sa *« princesse aux pieds nus »*. Ou encore sa *« Natouchka »*, un prénom russe inspiré par ses lectures. Lui-même s'autobaptise *« Shere Khan »*, comme le méchant du *Livre de la jungle*: un tigre vicieux et cruel. Monique ne s'en effraie pas: *« C'est pas tous les jours qu'on est enchaînée à un fauve »*. Elle boit les paroles de son tigre, sa verve habile et souple, comme un pelage rayé ondulant dans les hautes herbes: *« Je suis indubitablement en train de tomber amoureux de vous, Monique. »* Amoureux, en trois mois! Monique, déjà à moitié édentée à 38 ans, n'en demandait pas tant. Courant juin, elle accepte sa demande en mariage. C'est donc en fiancés qu'ils se dévorent des yeux dans la salle d'assises. Et se prennent à espérer.

SON OBSESSION, DÉSORMAIS, PORTE UN NOM

Car les débats tournent en faveur de Fourniret. A la barre, les experts psychiatres retiennent en lui le *« père de famille »*, le *« travailleur acharné »*, le *« périple antisocial d'un homme qui cherche la virginité »*. Ses traumatismes d'enfance, son *« immaturité affective »* entraînent selon eux *« une importante atténuation de sa responsabilité »*. Sous les lambris cirés du tribunal, « Petit Fourniret » paraît plus riquiqui et inoffensif que jamais. Dahina, elle, enrage. Les jurés sont trompés. Ils ne voient pas l'ado traumatisée de la gare d'Epernon, mais une belle jeune femme de 19 ans qui semble aller bien. Son avocate, désignée à la dernière minute, est inexpérimentée. Fantomatique. Faute de pénétration, le viol de Dahina est requalifié en simple « attentat à la pudeur avec violences » ! Et le 26 juin 1987, le verdict tombe : sept ans de prison, dont deux avec sursis. Les cinq femmes jurées ressortent du tribunal en rasant les murs. Dahina les intercepte, furieuse :

— Et si c'était arrivé à votre enfant ?! leur hurle-t-elle au visage.

Celui de Fourniret est bien plus serein. Avec son temps de prison déjà effectué et le jeu des remises de peine, il sortira dans quelques mois ! Libre et moins bête : il vient d'apprendre, lors des débats, l'existence de l'hymen ! Voilà son obsession désormais. Crever *« cette satanée membrane »*...

> *ELLE ACCEPTE SA DEMANDE EN MARIAGE. C'EST DONC EN FIANCÉS QU'ILS SE DÉVORENT DES YEUX DANS LA SALLE D'ASSISES. ET SE PRENNENT À ESPÉRER.*

En attendant ce jour maudit, l'heure est aux grands serments avec « Natouchka ». Depuis sa cellule, Michel évoque *« une sorte d'union monastique prohibant l'approche du calice »*. Tout un galimatias qu'on pourrait traduire de la sorte : tant qu'il reste sous les verrous, pour Monique, c'est ceinture. Afin de garantir cette abstinence sexuelle, il exige qu'elle quitte le Gard pour les alentours de Fleury.

Le livre du journaliste Jean-Pierre Vergès, une enquête très fouillée sur le parcours du tueur en série et de sa femme.

SA LIBÉRATION PROCHAINE, FIXÉE FIN OCTOBRE, LEUR AUTORISE TOUTES LES AUDACES, TOUS LES PROJETS

Si bien qu'en août, la « mésange » se pose à Gournay-sur-Marne, chez l'épouse de Jacky

Lavalladas, un codétenu de Michel. Son quotidien ne change pas : toujours aussi morne. Correspondance avec Michel le matin, déjeuner pieds sous la table, un peu de Scrabble l'après-midi… Monique traînasse. Enchaîne clopes et cachets de Rohypnol pour son mal de dos. Et quand on lui reproche son peu d'allant aux tâches ménagères, son fauve sort les griffes à distance : ces gens-là, lui écrit-il, sont des *« faibles »*, nés pour la *« servir en esclave »*. *« N'oublie pas,* lui martèle-t-il encore, *que tu me représentes, pleinement investie de la férocité du tigre. Et quand celui-ci sortira de sa tanière, gare à qui aura osé prétendre te dicter ta manière d'agir. »*. Il faudra, dit-il, *« récupérer les deux oisillons »* de Monique : ses deux fils. Et surtout, se venger au passage de leur père, André Michaut. *« J'ai posé les jalons pour reprendre contact dehors avec deux hommes qui n'ont pas froid aux yeux. (…) Après tout, il peut arriver à tout un chacun de tomber dans un escalier ? »*, laisse entendre Fourniret à sa *« fée »*, son *« Allegro de bonheur »*, son *« Furioso de passion »*… Encore Monique ne lui a-t-elle pas tout dit de son passé conjugal. Elle rechigne encore à lui écrire cette *« dissertation biographique de vingt-cinq pages »* axée sur ses expériences sexuelles. Aux demandes insistantes de *« son fauve »*, elle oppose un silence buté. La mésange se fait *« carpe »*, insinue-t-il, menaçant de cesser là leur correspondance. Elle finit par céder : *« Tu veux tes vingt-cinq pages ? Tu as gagné, tu les auras. »*

SI, DANS SES LETTRES, FOURNIRET HURLE VENGEANCE, IL N'EN MÈNE EN VÉRITÉ PAS SI LARGE

Dans cette *« confession libératrice »*, Monique abandonne toute pudeur. Elle raconte tout en détail : fellations, sodomies, exigences farfelues de son ex-mari… Sans parler de ce jour atroce où, sous un pont de zone industrielle, il l'aurait forcée à jouer de la flûte pour l'un de ses amis. A la lecture de ce courrier, Michel explose : *« Avant d'être tué, il paiera. A poil et à quatre pattes, lui qui a peur des microbes, découvrira ce que ça fait le sexe du copain dans sa bouche, ce que ça fait de se faire sodomiser, (…) d'avoir un par un les orteils écrasés au marteau (…), une balle dans le genou. »*

Si Fourniret crie vengeance, il n'en mène pas si large. Ces vingt-cinq pages, qu'il relit et rumine à la lampe de sa cellule, le renvoient à sa propre inexpérience sexuelle : *« Ton fauve,* se lamente-t-il, *ne possède aucune expérience par l'arrière et son arc-en-ciel n'a jamais voyagé dans une bouche »*. Le récit du « dépucelage » de Monique le tourmente beaucoup. Ce militaire, croisé en gare

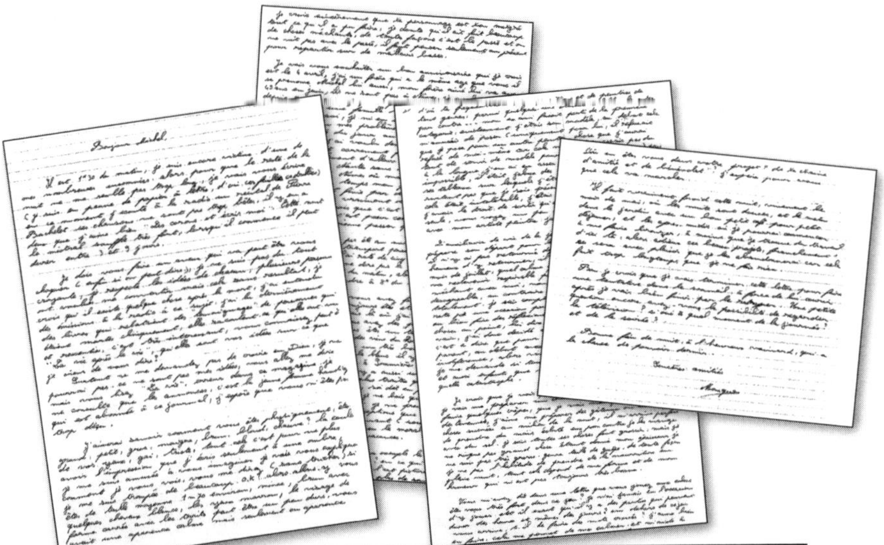

L'une des lettres de Monique à Michel.

de Thionville, cette chambre d'hôtel, dans la nuit, loin de chez elle... Ces images ne le lâchent pas. Il ne cache même pas en avoir fait *« un malaise »*. Le 20 août 1987, il lui écrit : *« J'ai réellement vécu le récit de ta défloration »*. Puis il la remercie de son *« cadeau »* : *« Ce que tu viens d'accomplir vient de nous souder à jamais. Si tu n'avais pas fait ce plongeon, nous n'aurions jamais pu être l'un à l'autre entièrement »*.

L'un à l'autre, ils vont l'être. A la faveur d'une permission de sortie, chez l'épouse Lavalladas, la mésange accueille son Shere Khan entre ses draps jaunes de tabac. Et c'est un vrai fiasco. Fourniret se confond en excuses : son arc-en-ciel, ce jour-là, a fait pschit. Qu'importe, ils sauront bientôt stimuler le tigre en lui... *« Il fallait rejouer la scène de la gare »*, se rappelle Monique. Faire semblant de ne pas se connaître, s'allonger côte à côte. Fourniret joue les militaires de Thionville, les déflorateurs de sous-préfecture circonvenant l'oie blanche. *« Je pense que ça l'excitait pas mal »*, ajoute-t-elle. Mais ces jeux sordides ne suffisent pas. Michel exige une vierge, une *« membrane sur pattes »*, comme il les appelle désormais. *« Cette satanée membrane »*, il la veut : *« Quand ma verge aura percé le ventre d'une vierge, je serai un homme comme les autres »*. Un monstre, plutôt.

« JE SERAI TON CLYDE ET TU SERAS MA BONNIE... »

Le 22 août, Michel constate: *« Je commence à croire que tu es capable de me métamorphoser »*. Et c'est vrai que ses courriers se font de plus en plus déterminés, de plus en plus féroces. Encouragé par le consentement tacite de Monique, il laisse libre cours à ses fantasmes déments, le moindre de ses désirs, avoués sans fard. Ainsi, le 5 septembre, il résume ses projets: *« Restaurer un domaine, une ruine médiévale »*. Puis: *« Avoir assez d'argent pour oublier l'argent. Liquider trois types. Disposer d'une jeune fente. Une compagnie féminine. Jouer aux échecs. Vivre en sauvage à l'écart des hommes. Vivre en aventurier. Plaisir du risque. Enlèvements, etc. »*. Des *« enlèvements »*, c'est écrit noir sur blanc! Sauf que personne, à Fleury-Mérogis, ne le soupçonne. D'une part, les contrôles des courriers sont aléatoires. De l'autre, le *« fauve méfiant »* accentue son écriture pattes-de-mouche jusqu'à l'illisibilité, pour décourager les matons. Le tout noyé dans une logorrhée sans fin: 217 lettres échangées sur 238 jours, soit au total 750 pages de correspondance! Aucun gardien n'a le temps de se farcir une lecture aussi colossale. Aussi est-ce sans crainte d'être lue que Monique officialise, le 17 septembre, leur pacte contre-nature: *« Tu sais que c'est avec plaisir que j'exécuterai tes ordres*, écrit-elle. *Je veux travailler auprès de mon fauve, le seconder, cela me ferait tellement plaisir. »*. Et le 22 octobre 1987, lorsque les lourdes portes de Fleury s'ouvrent sur Michel Fourniret, Monique est là. Au garde-à-vous. Au volant de sa vieille Peugeot 304 diesel, elle regarde avec fierté s'approcher son fauve. Le prédateur retrouve la jungle, après trois ans et demi à aiguiser ses griffes. *« Je serai ton Clyde*, lui a-t-il promis, *et tu seras ma Bonnie. »* Michel monte en voiture. Monique met le contact. Le couple diabolique peut enfin se mettre en marche. Et semer la mort.

CARTABLE DE CUIR SUR LE DOS, SA PETITE SILHOUETTE POURRAIT ÊTRE CELLE D'UNE ENFANT...

Pourquoi elle, ce 11 décembre 1987, à Auxerre? Parce qu'avec ses longs cheveux noirs et raides, Isabelle Laville ressemble à Monique plus jeune? Parce que ses bottines blanches, dans le soir tombant noyé de brume, attirent l'œil? Elle n'est pourtant pas si coquette, Isabelle. A peine le cours de maths fini, les

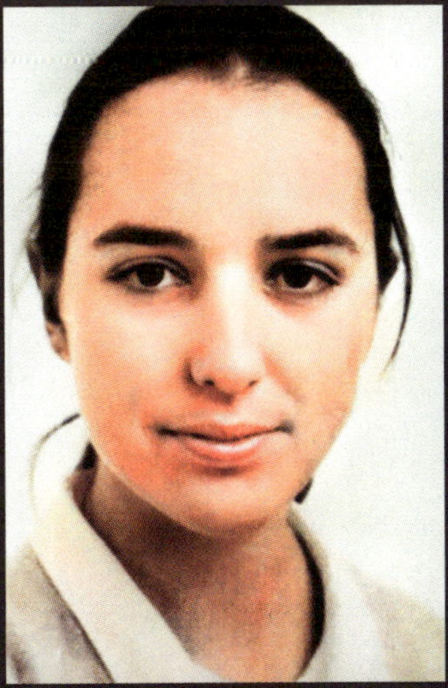

Isabelle Laville.

DERRIÈRE L'HORREUR, LE SCANDALE JUDICIAIRE

Au parquet d'Auxerre, le dossier Isabelle Laville portait le numéro 8800047.

Et n'est resté qu'un numéro: la procédure a été « classée sans suite » au bout d'un mois! Timidement rouverte ensuite, mais refermée aussitôt. Les gendarmes ont pourtant travaillé (battues, fouilles de caves, auditions de suspects), écrivant dans leur premier rapport que *« la fugue paraît peu probable »*. Mais côté justice, le constat est terrible: aucun juge d'instruction n'a jamais été saisi! Pourtant, en poussant un peu, on aurait pu suspecter Fourniret. Condamné pour agressions sexuelles, il était sorti de prison cinquante jours plus tôt et vivait à Saint-Cyr-les-Colons, à 20 kilomètres seulement du collège d'Isabelle! *« Ma fille a été traitée comme un chien écrasé sur la route »*, résumera, amer, Jean-Pierre Laville, le père d'Isabelle. Alors directeur d'un supermarché Casino, il avait passé trois semaines entières à rechercher sa fille. Sans savoir que la justice auxerroise, elle, s'en désintéressait…

grilles du collège Bienvenu-Martin franchies, la jeune fille de 17 ans s'emmitoufle dans son vieux manteau de laine. Il est 16h30 quand elle lâche un bref *« salut »* aux copines de troisième, puis s'en va. Deux kilomètres la séparent de sa maison de Saint-Georges-sur-Baulche. Malgré l'air gelé, son pas

Entre son collège et son domicile, situé en banlieue d'Auxerre, Isabelle n'avait que 2 kilomètres à parcourir.

est vif, presque joyeux. Est-ce son récent déménagement, ce nouveau collège qui l'enchantent ainsi ? Ou l'approche de Noël ? Malgré ses maigres économies (394 francs en banque), elle veut offrir des cadeaux à ses parents, qu'elle adore. Elle est sage, Isabelle. Papa, maman, sa sœur, son chien, sa collection de timbres : telle est sa vie. Plus pour longtemps... La voici qui dépasse la station d'épuration, puis s'engage rue de la Tour. Son pas menu sur les gravillons du trottoir... Les franges des bottines, qui se balancent en silence. Cette gourmette à son nom, qui tintinnabule à son poignet droit... Cartable en cuir sur le dos, elle ressemble à une enfant, excepté ses bottines neuves qui crissent sur les gravillons rouges du trottoir.

—Excusez-moi...

La femme qui l'interpelle, depuis sa voiture, est arrêtée à sa hauteur, vitre baissée. Elle est perdue, dit-elle, dans ce faubourg auxerrois. Isabelle ignore que la 304 bleue, en la dépassant tout à l'heure, avait alors deux passagers à son bord... D'une nature serviable, *« trop peut-être »*, l'adolescente accepte de monter en voiture. Sans aviser le lacet noué aux barres de l'appuie-tête, pendant à l'arrière de son siège...

EN BLEU DE TRAVAIL, JERRICAN VIDE À LA MAIN, L'HOMME LÈVE UN POUCE PLEIN D'ESPOIR À TRAVERS LE BROUILLARD

Quelques mètres plus loin, au bord de la route, un homme lève le pouce. En bleu de travail, il porte un jerrican vide à la main. Un ouvrier en panne? Bonne pâte, la conductrice marque l'arrêt. Le malchanceux travailleur grimpe derrière Isabelle. La 304 repart. A bord, donc, trois inconnus réunis par le hasard. Ou presque. Soudain, happée violemment par les cheveux, Isabelle est tirée en arrière.

—Vous allez faire comme je dis! rauque la voix sur sa nuque. Sinon, je m'en prends à votre fille!

Au volant, la femme égarée tâche de rester calme.

—Votre fille est-elle vierge?

Devant l'ignorance de sa « mère », l'homme s'adresse à la jeune fille:

—Vous avez déjà couché avec un homme?

—N... non... suffoque Isabelle.

Le lacet strie sa gorge, resserre son étreinte. La panique l'envahit. Comprend-elle l'ignoble comédie? Que cet homme et cette femme font mine de ne pas se connaître? Impossible de réfléchir, l'ombre dans son dos la harcèle de questions. Lui ordonne de réciter sa dernière leçon. Voilà la pauvre Isabelle, à moitié étranglée, contrainte de recracher son cours d'histoire sur Hugues Capet, roi des Francs de 987 à 996...

BIENTÔT, LE ROHYPNOL PRODUIT SUR ISABELLE LES EFFETS ESCOMPTÉS

Lentement, très lentement, la nuit tombe. Après avoir roulé au hasard, la 304 coupe son moteur. Mais l'interrogatoire est loin d'être terminé. A la demande du preneur d'otages, la conductrice farfouille dans la boîte à gants, cherche ses cachets de Rohypnol. La bouche sèche, Isabelle en gobe plusieurs. Déglutit péniblement. Et, bientôt, tout se mélange. Le brouillard, partout... La nuit sous les arbres. La nuit dans sa tête... Sa volonté, la leur... Hugues Capet, roi des Francs... La voiture roule, à présent. A quel moment l'a-t-on déplacée sur la banquette arrière? Qui conduit? La femme? L'homme? Les néons d'une station essence la tirent un instant des nuées chimiques. S'éloignent. Il faut compter jusqu'à cent. Il l'a dit. Dans les vapes sur sa banquette, Isabelle égrène, à haute voix:

—96, 97, 98... 99... 100.

—Bien. A l'envers, maintenant.

C'est ici que Fourniret se débarrassera du corps d'Isabelle Laville.

—100, 99, 98… 97… 96… 95…

Peu à peu, l'élocution se fait pâteuse, les paupières plus lourdes. Bercée par le bruit du moteur, Isabelle s'envole pour un monde cotonneux, où tout est calme, oubli de soi… Il suffit de se laisser porter. Passivité, désinhibition, relaxation du système nerveux: le Rohypnol produit les effets secondaires escomptés. On attend la nuit pour rejoindre l'étroite maison de Saint-Cyr-les-Colons, tout près de l'église, que le couple occupe depuis la libération de Fourniret. Et comme une immonde nuit de noces, Michel monte l'escalier, portant Isabelle endormie dans ses bras… Puis la couche sur le lit, en chien de fusil. Lui retire son chemisier bleu et blanc à rayures. Son jean. Sa culotte. Dans la chambre en désordre, Fourniret admire sa blancheur, sa pureté. Il en rêve depuis quatre ans, de cette vierge. Cette « *satanée membrane* » est enfin à portée de main.

—Monique!

Le cri ébranle la maison, puis les pas, sur le palier. Michel, interdit, ne comprend pas pourquoi son doigt s'introduit si facilement. Mais Monique le rassure, c'est normal: la fille est bien vierge. Revenue à elle, Isabelle gémit, sanglote lorsque Fourniret la caresse de ses grosses mains musculeuses, puis plaque ses lèvres sur sa peau.

—Moi, grince Monique dans son dos, quand j'ai perdu mon innocence, personne ne m'a embrassée...

FOURNIRET S'IRRITE DE CETTE « JALOUSIE MALVENUE »

La rabrouant du regard, Fourniret s'irrite de cette *« jalousie malvenue »*. Monique *« empiète »* là sur *« un domaine réservé »*, dira-t-il. Qu'elle le dépanne, plutôt! Ne voit-elle pas que, pantalon aux chevilles, son « arc-en-ciel » peine à se dresser?

—Je n'y arrive pas, se désole-t-il, impuissant.

Monique aura beau donner, oralement, de sa personne, rien n'y fera. Quant à la malheureuse Isabelle:

—Je l'ai étranglée à mains nues, racontera l'ogre, expédiant en trois mots le triste destin d'Isabelle Laville.

Hélas, la réalité est sans doute pire. On retrouvera, sur le squelette d'Isabelle, un bâillon d'Elastoplast, scotchant sa mâchoire du nez jusqu'au menton. Et un sac plastique Cora, noué autour de son crâne. Pourquoi bâillonner une morte, sinon pour qu'elle ne puisse, par 26 mètres de fond, hurler sa détresse?

—Là où je l'ai mise, se félicite cette nuit-là Fourniret, on ne risque pas de la retrouver...

Il faudra, en effet, deux décennies pour localiser son corps nu, au fond d'un puisard, près d'un transformateur électrique de Bussy-en-Othe (Yonne). Avec sa gourmette. Et ses bottines neuves dont elle était si fière... De ce premier meurtre, Fourniret retient deux leçons. D'abord, qu'un appât féminin est une bien meilleure arme qu'un pistolet ou qu'un flacon de vitriol. Ensuite, qu'une victime morte est une victime qui ne parle pas. Les prochaines *« membranes sur pattes »* mourront donc, elles aussi. Mais d'abord, le nerf de la guerre. Autant dire le plus pressant, pour un jeune ménage débutant dans la vie... Soit, par tous les moyens, se procurer de quoi mener leur nouvelle vie: *« avoir assez d'argent pour oublier l'argent »*. Ils n'imaginent pas encore à quel point.

LA FOLLE VENGEANCE SATANISTE DU COUPLE FOURNIRET

C'était la première promesse de Michel à Monique : se venger du « mac », du « hareng », du « zombie ». Autrement dit de son ex-compagnon, André Michaut.

Le 18 décembre 1987, une semaine après le meurtre d'Isabelle Laville, le couple Fourniret jette sa 304 sur l'A11. Direction La Chapelle-sur-Erdre, en banlieue nantaise, et cette villa blanche, rue des Potirons, où Monique a vécu autrefois. André, expatrié à Nîmes, n'y réside plus. Tant mieux, car une procédure est en cours pour la garde des deux garçons. Une « balle dans le genou » de leur père, ou des « orteils écrasés au marteau » feraient mauvais effet dans le dossier...

Devant les nus de Monique, Fourniret blêmit

Mais la vengeance des Fourniret sera symbolique. Cinq heures de route plus tard, les deux ombres nocturnes forcent les volets, s'immiscent dans le salon de la villa déserte. Après une razzia dans les placards de la cuisine et une courte nuit de sommeil, les voilà d'attaque. D'abord, c'est le soubassement de la baignoire qu'ils fendent : peine perdue, Michaut n'y planque plus de cash depuis longtemps. Puis c'est la serrure de la porte d'entrée, qu'ils prennent un malin plaisir à démolir. Enfin, l'atelier... L'antre de « Salvator ». C'est ici que le flamboyant Michaut se livrait jadis à sa grande passion, à sa raison de vivre : la peinture à l'huile. Il y entrepose encore des centaines de toiles, dont les nus de Monique...

A leur vue, Michel blêmit. Puis, rictus rageur aux lèvres, il se saisit d'un premier tableau... Quelques heures plus tard, le frère d'André Michaut débarque rue des Potirons pour relever le courrier. Deux choses l'inquiètent tout de suite : cette vieille Peugeot bleue, devant la maison, et surtout la cheminée qui fume d'une épaisse fumée noire. A en cracher des étincelles jusqu'aux gouttières, des escarbilles sur tout le hameau ! Poussant la porte fracturée, le frangin se rue dans le salon, puis se fige net. De stupeur. Un petit type nerveux piétine furieusement les toiles d'André, les crève, les lacère ! A côté, une femme les jette une à une dans l'âtre, avec un rire de démente ! Du brasier, déjà débordant de cendres, jaillissent des flammes gigantesques. Elles en lèchent la hotte jusqu'au plafond, tandis que les briques de la cheminée, chauffées à blanc, éclatent et se déchaussent. L'homme reconnaît alors son ex-belle-sœur, s'agitant dans le nuage de suie :

— On va s'attaquer à ce qu'il a de plus cher ! lui lance Monique, hystérique, son long nez noir de cendres. A la famille !

« Gloire au maître des ténèbres ! »

Quand les gendarmes arrivent, les deux vandales ont déjà disparu. Tout comme l'œuvre de Salvator : plus qu'un « amas de cendres très impressionnant », dixit l'huissier. Seule trône au milieu du salon cette toile peinte à la cire, représentant un homme. Son visage et son cœur sont transpercés d'épingles, façon vaudou. Au-dessus, un triangle formé par trois « six », avec cette inscription : « Gloire au maître des ténèbres ». Fourniret aurait pu signer : « Son plus fidèle disciple »...

TÉMOIGNAGE

« FOURNIRET M'A TIRÉ DESSUS AVEC UN FUSIL »

À l'époque, Sydney Cissou tenait une boutique de bijoux fantaisie dans l'Yonne. Essentiellement de l'artisanat indien et africain. Une vie ordinaire, heureuse. Jusqu'à ce qu'il croise, début 1988, la route

de Michel Fourniret, en cruel manque d'argent. Pour en gagner, le tueur a un plan simple: braquer le premier venu avec sa « canardière », un vieux fusil à canon scié calibre 12... Ce sera Sydney Cissou.

J'ai rencontré ce miraculé dans sa villa de Rosoy (Yonne). Il m'a accueillie dans sa véranda fleurie, ornée de toiles peintes par son fils.

—Cela vous dérange si je fume? me demande-t-il, en prenant place face à moi dans un fauteuil en osier.

Sydney Cissou allume sa cigarette, avale une gorgée

de café. Ses yeux fixent un temps les prairies vallonnées qui se déroulent devant nous, l'air pensif. A 78 ans, il n'a rien oublié de cette nuit d'horreur...

LND: Racontez-moi ce jour où votre vie a basculé...

Sydney Cissou: C'était le 20 janvier 1988, deux jours avant mon anniversaire. J'avais 45 ans. Je m'étais rendu en région parisienne acheter des bijoux indiens pour ma boutique. Il s'agissait d'un gros fournisseur, donc j'avais mis un costard-cravate. Ce soir-là, je prends donc la route pour rentrer chez moi, dans l'Yonne. Vers 20 heures, je suis pris d'une envie pressante. Je m'arrête donc sur une aire de repos de l'autoroute A6, en Seine-et-Marne.

Rien d'inquiétant en vue sur cette aire de repos?

C'est l'hiver, il fait déjà nuit. A part un poids lourd garé dans le fond, le parking est désert. Mais il n'y a aucun danger particulier. Je descends, je ferme ma voiture à clé et j'entre dans les toilettes.

Mais en ressortant des toilettes...

Je tombe sur un type armé! Un fusil à canon scié dépasse de son imperméable. Il me dit: *« Donne-moi ton portefeuille, ta carte bancaire et la clé de ta voiture! »*. Je veux répondre, mais il ne m'en laisse pas le temps. Il m'ordonne de reculer vers un buisson plongé dans l'ombre... Je sens que c'est un psychotique, je suis terrorisé. Je vois dans son regard qu'il a l'intention de me tuer.

Que se passe-t-il ensuite?

Il me réclame à nouveau mes affaires: *« Donne-moi ta veste! »*. C'est un modèle en velours avec les poches plaquées, non fermées par un rabat. Je retire donc ma veste... et je la lui lance d'un coup à la figure! C'est un geste instinctif, parce que je suis certain qu'il va tirer.

Et effectivement, il vous tire dessus!

La décharge m'atteint sur le haut de la cuisse droite *(Sydney Cissou se touche la jambe, à l'endroit où se sont logés les plombs)*. Je pense que le canon de son fusil a dévié, à cause de la veste que je lui ai lancée. Heureusement...

Que fait l'agresseur après vous avoir tiré dessus?

Je ne vois pas ce qu'il fait. Moi, je crie *« Au secours! »* et je me mets à courir. Je suis tellement focalisé sur l'idée de me sauver que je cours sans même sentir la douleur! J'arrive à enjamber la rambarde de sécurité au bord de l'autoroute et je me réfugie sur la bande d'arrêt d'urgence. C'est là que je me rends compte que je saigne énormément.

Vous avez alors un réflexe incroyable...

J'enlève ma cravate, je l'enroule autour de ma cuisse juste au-dessus de la blessure et je me fais un garrot avec! C'est fou, d'habitude je ne mets jamais de cravate... sauf ce jour-là, à cause du rendez-vous avec mon fournisseur.

Vous êtes néanmoins très grièvement blessé, il vous faut de l'aide.

Je fais des signes aux véhicules qui

passent, en m'appuyant sur la glissière de sécurité. Au départ, j'arrive à rester debout mais je perds beaucoup de sang, je suis de plus en plus faible... Je finis à moitié couché par terre, mais toujours conscient.

Et votre agresseur?

Je pense qu'il est toujours là, en train de chercher ma clé de voiture. Elle a dû tomber de la poche de ma veste au moment où je l'ai lancée sur lui. Depuis la bande d'arrêt d'urgence, j'aperçois d'ailleurs les phares d'une voiture qui entre sur l'aire de repos. Mais je la vois reculer brusquement et reprendre l'autoroute. L'agresseur a dû le menacer avec son fusil, avant de quitter lui-même les lieux.

Finalement, un poids lourd s'arrête.

Oui. Je dis au chauffeur: *«On m'a tiré dessus!»*. Je vois qu'il remonte dans son camion, alors je le supplie: *«Ne partez pas!»*. Mais il s'en va quand même!

Attendez, ce camionneur repart en vous laissant agoniser?

Il doit penser que le tireur est toujours là et prendre peur. En fait il part, mais il alerte d'autres chauffeurs avec sa CB *(petite radio dont se servent les routiers pour s'échanger des informations et s'entraider pendant les trajets, ndlr)*. Ceux-ci ont prévenu les pompiers, qui arrivent sur place peu après.

J'imagine que vous êtes un peu soulagé...

Oui, d'ailleurs je leur lance: *« Je suis content de vous voir! »*. Puis, je perds connaissance. Je ne me souviens pas de la suite.

L'aire de repos de Villiers-sous-Grez, peu avant Nemours, le long de l'A6.

Vous êtes en fait inconscient, au bloc opératoire, dans un état critique...

Je risque d'y passer, car mon artère fémorale est touchée. Le trou dans ma jambe est si gros que le chirurgien pourrait entrer son poing dedans! C'est ce qu'il me dira plus tard... Ensuite, je subis cinq opérations, avec cinq anesthésies générales.

Vous restez hospitalisé longtemps?

Je reprends en fait assez vite le travail à la boutique, mais ma femme doit m'aider car j'ai perdu beaucoup de muscles. Je dois me déplacer avec des béquilles pendant plusieurs mois, faire de la rééducation, de la kiné...

Et l'enquête n'a rien donné?

Non. Durant cette période, je deviens parano. Je pense: *« Et s'il vient me trouver quand je rentre chez moi? »*, même si le tueur ne sait pas qui je suis, puisqu'on a retrouvé ma voiture intacte sur l'aire de repos, fermée à clé telle que je l'avais laissée, avec mes papiers d'identité à l'intérieur.

A l'évidence, vous avez été ciblé au hasard.

Je le sais aujourd'hui. Mais à l'époque, j'ai une peur irrationnelle, je me

C'est en sortant des WC que l'homme va tomber nez à nez avec Michel Fourniret... et son calibre 12.

demande si quelqu'un m'en veut. J'éprouve aussi une culpabilité étrange, à me dire que mon agression n'est pas un hasard. Je crois au karma, je me demande pourquoi ça m'arrive à moi. Ça m'a longtemps travaillé...

Comment apprenez-vous qu'il s'agissait en fait de Michel Fourniret ?

Seize ans plus tard, un gendarme belge téléphone à ma boutique. Il s'assure que je m'appelle bien Sydney Cissou et me demande : *« Est-ce que vous avez été agressé sur une aire de repos de l'autoroute A6 ? »*. Je confirme. Le gendarme m'explique alors que Fourniret a avoué spontanément les faits.

Pour résumer, on vous apprend que c'est un tueur en série qui vous a tiré dessus. Comment réagissez-vous ?

Je ne sais pas... *(Sydney Cissou prend une grande inspiration et tourne son regard vers la vallée. Il reste de longues secondes plongé dans ses pensées).* D'une certaine manière, ça m'a soulagé, car je n'ai pas été ciblé personnellement. Je me suis juste trouvé au mauvais endroit, au mauvais moment.

Sydney Cissou ne pourra pas se constituer partie civile, à cause du délai de prescription, dépassé. Il devra néanmoins se rendre au procès de Fourniret par ses propres moyens, s'acquitter des péages, payer son essence, ses restaurants. L'Etat ne le dédommagera que d'une centaine d'euros...

Vous êtes une victime oubliée de l'affaire Fourniret ?

J'ai en tout cas le sentiment de ne pas avoir été pris en compte.

Comment va votre jambe aujourd'hui ?

J'ai mis plusieurs années pour tout récupérer, mais maintenant, je marche normalement. Je peux même faire de longues balades.

Vous évitez désormais les aires de repos sur l'autoroute ?

En pleine journée, ça va, il y a du monde. Mais la nuit, une aire déserte, c'est impossible pour moi d'y mettre les pieds...

Finalement, ce soir du 20 janvier 1988, Michel Fourniret n'aura récolté qu'un maigre butin dans la veste de Sydney Cissou : une carte téléphonique, un paquet de cigarettes et des chewing-gums. Pour amasser de l'argent, il va alors escroquer les plus gros braqueurs de banques du moment : le « gang des Postiches » ! Découvrez leur histoire en page suivante.

Une interview de ***Sophie Noachovitch***

ANNEXE

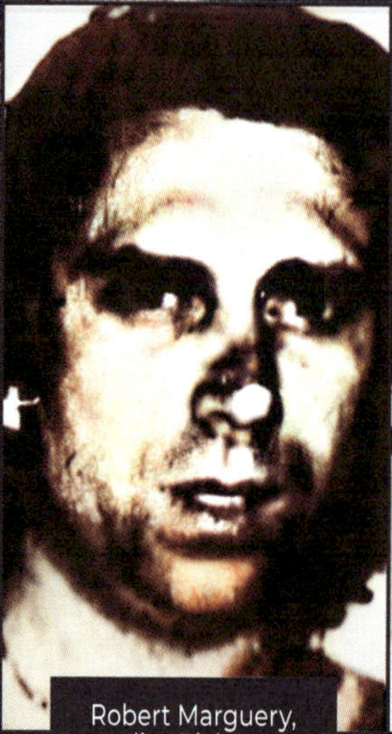

Robert Marguery, alias Bichon.

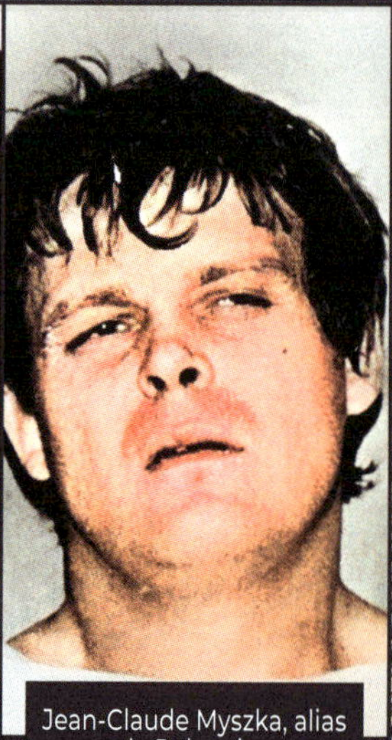

Jean-Claude Myszka, alias le Polonais.

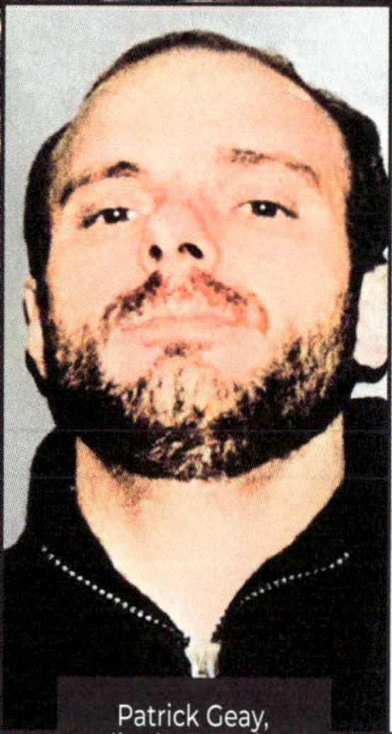

Patrick Geay, alias le Casanier.

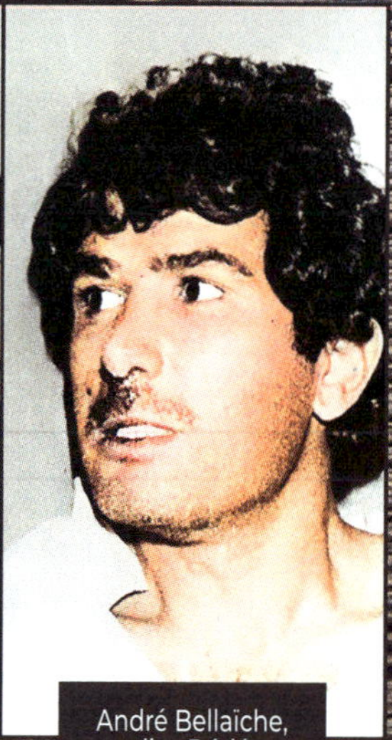

André Bellaïche, alias Dédé.

LES POSTICHES, CES GANGSTERS QUE FOURNIRET VA ENTUBER

A eux six, ils forment le noyau dur des « Postiches ». André Bellaïche, dit « Dédé ». Bruno Berliner, dit « Beau Sourire ». Robert Marguery, alias « Bichon ». Patrick Geay, alias « le Casanier ». Michel Chellaoui, dit « Chat de gouttière ». Jean-Claude Myszka, alias « le Polonais ». Ces anciens gamins de Belleville et d'Aubervilliers perpétuent une longue tradition de canaille faubourienne. Des petits rois de la fauche devenus braqueurs de banque. Mais très vite, ça se complique. Plus question de détrousser les guichetières. La « fraîche » n'est plus là : elle se planque au sous-sol, sous l'œil de caméras dernier cri. Fini les hold-up à l'ancienne...

La donne a changé en mai 1981, quand Mitterrand prend le pouvoir et nomme quatre ministres communistes. Paniqués, les « bourgeois » parisiens foncent mettre à l'abri lingots, bijoux et autres francs Napoléon... Direction les salles des coffres, dans des casiers « Fichet-Bauche ». Aubaine pour le gang : au burin, ces petits compartiments métalliques se fendent comme du beurre.

—Huit secondes montre en main ! Des boîtes à sardines ! s'amuse l'un des loubards.

Pour les caméras ? Il suffit de « postiches » : perruques, lunettes, fausses moustaches, bérets… Grimés en bons bourgeois poivre et sel, en rabbins à papillotes ou en diplomates soviétiques à chapka, le gang enchaîne les coups fumants. BNP, Société générale, Banque populaire, Crédit du Nord, Crédit agricole, Crédit lyonnais : pas de jaloux ! Leur méthode ? Toujours la même. Arrivée en plein jour (la nuit, les casiers dorment en chambre forte). Un gars à l'entrée pour « accueillir » les clients. Trois autres pour conduire les otages en salle des coffres. Ensuite, la rafle, boîte à sardines par boîte à sardines. Sur place, jamais d'empreintes. Jamais le même déguisement deux fois de suite. Dehors, jamais la même voiture (Myzska, le spécialiste des autos, s'en assure). Et toujours des surnoms bidons prononcés devant leurs otages : « la Glue », « Schubert », « Tintin »… De quoi rendre fous les enquêteurs !

LEUR PREMIÈRE ERREUR ? UN FLINGUE OUBLIÉ DANS UNE CHAMBRE D'HÔTEL

En cinq ans, les Postiches dévalisent presque 1300 casiers. Butin total estimé : 187 millions de francs, soit 28 millions d'euros ! Vacances à New York, en Thaïlande, safaris africains, Rolls-Royce… On mène grand train et l'entourage en profite. « Beau Sourire » s'amuse même à acheter des centaines et des centaines de 45 tours de *Louise*, le tube de son célèbre frère, Gérard Berliner, afin de le faire grimper dans le hit-parade.

Mais les Postiches ne sont pas à l'abri d'une fausse note. Exemple fin 1985 avec ce revolver Colt Python, oublié sous un coussin du Flathotel. Alertés par la femme de ménage, trois flics montent une souricière. A l'arrivée de leurs « clients » : fusillade immédiate. Un policier est blessé. « Bichon » parvient à filer. Pas Chellaoui. Le « Chat de gouttière » tiendra sa langue, mais le problème

n'est pas là : cette suite 277 du Flathotel est une planque historique des Postiches. Leurs empreintes sont partout. Celles-ci donnent deux noms. Le gang est démasqué. Et beaucoup moins serein.

Paris, le 14 janvier 1986. Il est 16 heures lorsque des coups sourds résonnent dans la salle des coffres du Crédit lyonnais, 39 rue du Docteur Blanche. Pas de bol, elle est équipée d'un capteur sismique. En dix minutes, trente et une voitures banalisées de la BRB et de la BRI se postent aux abords de la banque, près du métro Jasmin. Les ordres sont clairs : ne pas « défourailler », filer les Postiches jusqu'à leurs quartiers. Mais dès leur sortie, les grimés flairent la flicaille. Echanges de regard. Montée de stress.

— Police !

Les coups de feu éclatent de part en part des façades haussmanniennes. Un inspecteur de 33 ans, papa d'un petit garçon, mord le pavé, fauché par six balles. Rafalé lui aussi, Berliner valdingue dans son imper mastic puis s'effondre, les bras en croix. « Beau Sourire » ne sourira plus. Plus

Les Postiches en action.

chanceux, son compère Marguery n'est que blessé. Geay « le Casanier », lui, s'extirpe du guêpier avec une paire d'otages. Myszka « le Polonais » aussi, sauvé par son sang-froid face aux policiers courant dans sa direction :

— Ça tire, là-bas, vous devriez y aller !

A la planque, les miraculés rejoignent Bellaïche, resté là en sentinelle. Perruques rigolotes ou pas, les Postiches ont désormais du sang sur les mains… La cavale s'impose. Direction les Alpes, où l'on abandonne la Golf GTI. A pied puis à ski, les Postiches en *« chient comme des Russes »* mais parviennent à gagner, à 1800 mètres d'altitude, un col sans

douaniers. Puis la douce hospitalité d'une amie italienne… La dolce vita, pour André Bellaïche, dure moins de six mois. Serré lors d'un contrôle routier, « Dédé » est jeté à Rebibbia, légendaire prison romaine aux airs de monastère décrépit.

« Comedia finita » ? Pas sûr.
Les Postiches ont du cran. Laisser pourrir leur pote entre quatre murs ? Jamais. Entre eux, c'est à la vie à la mort.

IL RETROUVE SES COPAINS SOUS LES CRIS DES MATONS

Tout est paré, donc, ce dimanche 23 novembre 1986, pour qu'à l'heure de la messe (pour les uns) ou de la promenade (pour les autres), Dédé Bellaïche prenne l'air en pull-over rouge, bien repérable au milieu de la cour. Et bientôt – alors qu'un vilain petit crachin tombe sur Rebibbia –, un bruit de pales ronronne au loin.

— Gian Luigi ! Viens, suis-moi ! hurle soudain Bellaïche.

Le codétenu auquel il offre une porte de sortie n'a
rien d'un ami. Ancien légionnaire, impliqué dans l'attentat mortel d'une gare, Gian Luigi Esposito est le genre de facho que Bellaïche exècre. Mais il possède un brevet de pilotage – ça peut servir – et une étiquette de fachiste apte à brouiller les pistes. Esposito saute dans l'hélicoptère, juste derrière Bellaïche. Quelques échanges de tirs plus tard, l'engin est déjà loin, cherche à se poser… Sur ce stade par exemple, où deux équipes de foot locales s'affrontent sous une pluie fine.

— Descends !

Un Parabellum 9 mm enfoncé dans les côtes, le pilote de la Croix-Rouge, qui a été pris en otage quelques instants auparavant, trouve le courage de se rebeller :

— Si je descends, je vais déchiqueter des joueurs !

Est-ce le canon brûlant du flingue sur sa nuque ? La gueule déterminée de ses ravisseurs ? Ou l'image de son fils de 12 ans, toujours ligoté au radiateur de

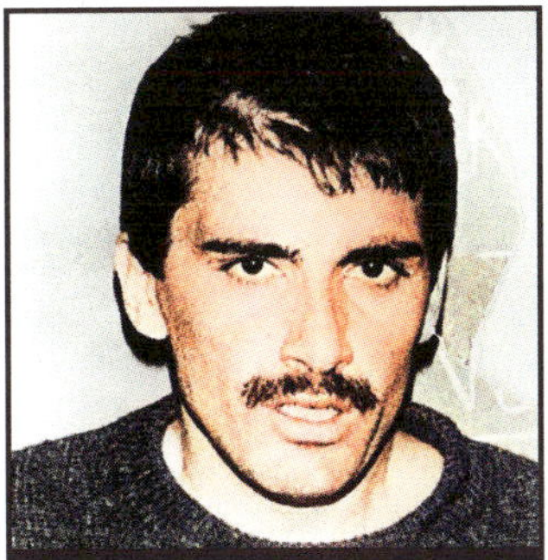
Gian Luigi Esposito.

l'héliport ? Sous la contrainte, le pilote s'exécute, et dans un nuage de vapeur d'eau, pique sur la pelouse, se pose. Les spectateurs pensent assister à une manœuvre médicale d'urgence et applaudissent en chœur dans les gradins ! Du délire !

UNE SÉPULTURE NI TROP DÉLABRÉE, NI TROP ENTRETENUE : LA LANQUE IDÉALE

Le public romain peut les acclamer : c'est le dernier exploit des Postiches. Revenus dans une Lancia volée jusqu'à une planque de Yerres (Essonne), les membres restants du gang font grise mine... « Beau Sourire » ? Mort et enterré. « Bichon », « Chat de Gouttière » ? Embastillés. Eux-mêmes tomberont plus tôt qu'ils ne le pensent : demain à l'aube. L'urgence, ce soir, est de planquer leur magot. Qu'ils puissent au moins, sur leurs vieux jours, profiter du « travail » accompli. Leur épopée finira donc, comme il se doit, dans un cimetière. Ce sera celui de Fontenay-en-Parisis (Val-d'Oise), dont ils poussent la grille le 11 décembre 1986, par une nuit sans lune... Là-bas, tout près du mur d'enceinte, dort à jamais un certain Louis Gloriand, mort en 1922. Une sépulture ni trop délabrée, ni trop entretenue : la planque idéale. A la lumière des lampes torches, les lames des pelles tranchent la terre gelée. Ils iront en prison, certes. Mais riches à millions.

Tenu à distance, son écharpe jaune au cou, Gian Luigi Esposito cogite. Il sait que les Postiches l'ont embarqué ce soir avec eux juste pour le garder à l'œil. Sauf que l'Italien ne rate rien de cet enfouissement nocturne. Il retient tout. La route. Le nombre d'allées dans le cimetière. L'emplacement de la tombe. Doubler les Postiches sera un jeu d'enfant !
A moins que plus malin que lui ne le double avant...

Le cimetière de Fontenay-en-Parisis (Val-d'Oise), où le gang des Postiches avait enterré son magot.

CHAPITRE 4

LE MAGOT DU CIMETIÈRE

Nom : Gian Luigi Esposito. Signe particulier : ex-légionnaire d'extrême-droite, impliqué dans un attentat sanglant (85 morts, 200 blessés) et évadé de la prison romaine de Rebibbia. Statut actuel : détenu à Fleury-Mérogis, en attente de son extradition… Quinze mois se sont écoulés depuis qu'en caleçon et sous la menace des snipers, les derniers « Postiches » ont dû évacuer leur planque de Yerres… Non sans avoir, la veille même, planqué in extremis leur magot dans un cimetière, sous les yeux d'Esposito. « Levé » lui aussi par le Raid, il part pour « perpét' ». Et le temps de purger sa peine, le fric aura filé sous d'autres cieux… S'il faut agir, c'est rapido presto ! Mais à qui faire confiance ? Esposito n'a aucun contact à Fleury-Mérogis. Alors, d'approche en approche, l'Italien sonde la promenade. Et arrête son choix sur ce grand Breton costaud, l'air réglo. Nom : Jean-Pierre Hellegouarch. Signe particulier : borgne de l'œil gauche, acoquiné avec les gauchos d'Action directe. Statut actuel : taulard et amoureux…

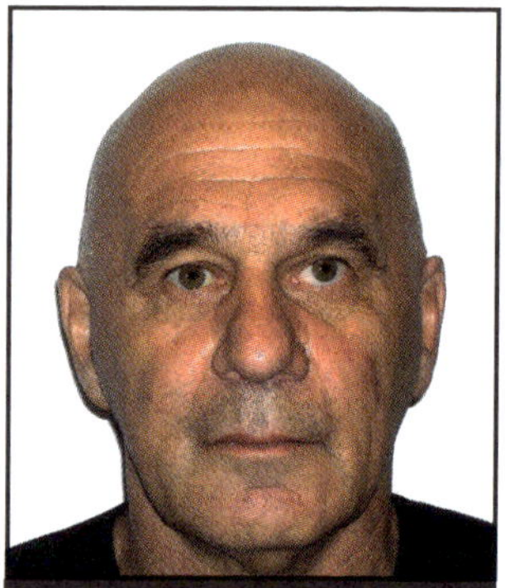
Jean-Pierre Hellegouarch.

LE NABOT AUX GROSSES PALUCHES SERAIT LE COMPLICE PARFAIT POUR DÉTERRER LA « GRAND-MÈRE »

On se souvient de ce truand au crâne rasé, un temps « protecteur » du détenu Fourniret… On se souvient surtout des photos tapissant les murs de sa cellule : ici souriante, sur l'esplanade des Invalides, là plus mélancolique, adossée à un balcon les mains dans les poches – sa fiancée, la belle Farida… En cette fin février 1988, l'Algérienne de 30 ans vient visiter son *« amor »* tous les deux jours. Elle lui parle du dernier tube de Madonna qui tourne en boucle dans sa Fiat, de ses cours de chinois, de ses sœurs… D'habitude, Hellegouarch la préserve, la tient à l'écart de ses combines. Mais le coup est trop tentant. Ce couillon d'Esposito lui a tout raconté. Il lui a même dessiné un plan du cimetière, avec une croix bien nette marquant la tombe miraculeuse ! Elle est sur l'emplacement n° 30, le long du mur d'enceinte de gauche. Anar dans l'âme, Hellegouarch n'a aucun scrupule à escroquer ce stupide facho:

— Il y a juste un trou à faire, chuchote-t-il à sa fiancée au parloir.

Mais Farida ne le sent pas. Pas toute seule en tout cas. Avec son mètre 62 et ses 50 kilos, la jeune dactylo n'est pas taillée pour le job. Elle n'a même jamais tenu une pelle. Il lui faut un gars pour creuser. Et pas quelqu'un du « milieu »: on n'est jamais trop méfiant. Alors qui? Hellegouarch pense à son ex-codétenu. Ce petit gars insignifiant qui le servait comme un *« toutou »* avec ses *« mains de jardinier »*: Michel Fourniret, alias « Popeye »! Farida s'en souvient bien: en novembre dernier, ce guignol est venu l'alpaguer devant la prison, lui et sa grande bonne femme mal fagotée. Il a proposé ses services en cas de besoin, laissant sa nouvelle adresse et son numéro de téléphone. Naïf, serviable,

> C'EST CHEZ FARIDA, À VITRY-SUR-SEINE, QUE LES TROIS COMPLICES DÉBALLENT LE CONTENU DE LEURS SACS À DOS.

Le Magot, de Patricia Tourancheau.
Alors journaliste à *Libération*. C'est elle qui révèle la première les dessous de l'incroyable coup de Fourniret.

Situé à l'écart du centre-ville, le cimetière compte environ quatre cents tombes.

discret… Pour déterrer la *« grand mère »* (leur nom de code pour parler du magot au parloir), le nabot aux grosses paluches est le complice idéal. Reste à le recruter. Un mot manuscrit de Hellegouarch, promettant 500 000 francs sur l'héritage de la *« grand-mère »*, devrait suffire à le convaincre…

Sous la tombe de Louis Gloriand, mort en 1922, dormait le trésor du gang des Postiches.

LA VISITE DE FARIDA TOMBE À PIC : EN CINQ MINUTES, L'AFFAIRE EST PLIÉE

Nom : Michel Fourniret. Signe particulier : violeur en série et meurtrier débutant. Statut actuel : jeune marié dans le besoin. Près de trois mois après l'assassinat atroce d'Isabelle Laville, le couple vivote toujours dans son clapier de Saint-Cyr-les-Colons. Pas évident, avec 40 francs d'allocation insertion par jour. D'autant qu'à l'issue d'un *« accouplement familial dépourvu d'imagination »*, Monique est désormais enceinte. Ils auront bientôt une troisième bouche à nourrir. La visite de Farida Hammiche, début mars 1988, tombe donc à pic. En cinq minutes, l'affaire est pliée, les tâches réparties. Et c'est le cœur confiant que Farida remonte dans sa Fiat Uno rouge, garée près de l'église face au terrain de boules. Charge à elle d'acquérir le matos : couverture, lampes torches, truelle, sacs à dos militaires… Aux « Popeye » d'aller repérer le cimetière indiqué par Hellegouarch, à Fontenay-en-Parisis (Val-d'Oise). Il est situé route de Mareil, à l'écart du centre-ville. Délimité par un muret de vieilles pierres, il compte environ quatre cents tombes. Pas immense, donc. Un portail en fer vert avec croix sommitale, mais sans cadenas, juste un loquet. Parfait. Il y a même une petite remise à outils contenant pelles et pioches, comme mises à disposition des profanateurs de sépultures ! Bref, l'opération « grand-mère » s'annonce sans accroc. Sur le papier, du moins.

LINGOTS, PIÈCES... DANS LES BOÎTES TUPPERWARE, ON EXTRAIT 86 KILOS D'OR

> *APRÈS AVOIR DÉLOGÉ LE MAGOT DE LA CACHE DES TOILETTES, ILS LAISSENT TROIS TUBES DE PVC BIEN EN ÉVIDENCE...*

Quelques soirs plus tard... Par une nuit d'un noir d'encre, la Peugeot 304 diesel se glisse dans le chemin de terre préalablement repéré. Sacs au dos et croquis en main, deux ombres en descendent tandis que la troisième, restée au volant, les regarde s'éloigner vers la grille du cimetière. Les pinceaux de leurs torches dansent encore une seconde puis, comme avalés par le champ des morts, disparaissent... L'éclair d'un briquet illumine l'habitacle : sous sa tignasse corbeau, Monique Olivier s'allume une cigarette, la première d'une longue série. Car l'attente est longue. Dans la nuit sans étoiles clignotent un avion, puis deux, puis trois : Roissy est à 15 kilomètres à peine. Déjà, l'horizon rosit un peu. C'est presque au point du jour que la guetteuse aperçoit enfin les lampes torches scintiller, selon le signal convenu. De retour à l'appartement de Farida, rue Germain Defresne à Vitry-sur-Seine, les sacs à dos sont déballés. De la caisse métallique rouge enfouie par les Postiches quinze mois plus tôt, les complices d'un soir ont exhumé une série de boîtes Tupperware, qui s'alignent maintenant sur la table du salon. Leur contenu tient du roman de piraterie : 34 lingots de tailles diverses et des milliers de pièces rutilantes ! Des napoléons, des 20 dollars américains, des 50 pesos mexicains... Quatre-vingts kilos d'or en tout, soit 2 millions d'euros ! Patiemment, les pièces sont introduites façon « Puissance 4 »

L'une des pièces d'or de 50 pesos mexicains, exhumée sous la tombe n° 30.

dans des tubes de PVC. Puis glissées dans la cache bricolée par Michel : un trou dans l'huisserie en bois, au-dessus de la porte des toilettes.

— C'est fait ! annonce Farida à son Breton, lors de sa visite suivante.

Ce 12 avril 1988, le couple peut exulter : ils sont millionnaires ! Rien à craindre d'Esposito, l'arroseur arrosé : c'est aujourd'hui même qu'on l'extrade ! Quant aux « Popeye », ils sont repartis bien gentiment avec leurs 50 briques de commission. Quelle bonne idée on a eue de les mettre dans le coup !

Tandis que Farida, ce jour-là, laisse Fleury-Mérogis dans son rétroviseur, ni elle ni Jean-Pierre ne peuvent encore s'imaginer qu'ils ne se reverront jamais. A l'instar de l'eau qui dort, on ne se méfie jamais assez des « braves gens »...

FATALEMENT BLESSÉE, FARIDA POUSSERA SON DERNIER SOUFFLE DANS LE COFFRE DE LA FIAT

En débarquant ce même soir à l'improviste, les Fourniret ne laissent aucune chance à Farida de prévenir qui que ce soit. Ils ont besoin d'elle, disent-ils, pour déterrer quelque chose près d'une ferme. Après leur coup de main au cimetière, Farida se voit mal refuser... Tous trois embarquent donc dans sa Fiat Uno rouge, qui bientôt file sur l'A10 plongée dans la nuit. Une heure 15 plus tard, la voiture se gare près d'une carrière de sable de Clairefontaine (Yvelines). C'est ici que Michel, jadis, initiait ses enfants à la cueillette des champignons. Mais ce soir, c'est le chasseur impitoyable qui guette... Assis sur la banquette arrière, il cache dans sa parka une ancienne baïonnette de section cruciforme et très pointue. Les versions de chacun resteront invérifiables et évolueront. Mais selon l'une d'elles, la plus constante, Monique s'éloigne de la voiture, prétextant une envie pressante. Farida descend à son tour, suivie de près par Michel. Et, « *dans un état de crapulerie sans*

Le lieu approximatif de l'assassinat de Farida, près d'une carrière, non loin de l'ancien domicile de Fourniret à Clairefontaine (Yvelines).

vergogne », il plante soudainement la lame dans la poitrine de la jeune femme. Puis commence à l'étrangler au sol.

— Ne me tue pas comme ça, le supplie Farida.

Son souhait, hélas, sera exaucé. Fatalement blessée, elle rend son dernier souffle dans le coffre de la Fiat, après plusieurs kilomètres à pousser des gémissements « *difficilement soutenables* », dixit Michel. Mais pas si longs, selon Monique :

— Quand on entend ça, même un court instant, ça paraît des heures.

Faute de corps pour le prouver, on ignore à ce jour si Fourniret a poussé le vice jusqu'à violer ou non sa victime. Il finit en tout cas par enterrer son cadavre, dans une « *terre assez meuble* » :

— Pas profondément, puisque son genou dépassait encore.

Farida Hammiche, la victime, était âgée de 30 ans.

« LE CORPS DE FARIDA HAMMICHE N'A JAMAIS ÉTÉ RETROUVÉ. MICHEL FOURNIRET L'AURAIT ENTERRÉ DANS UN BOIS, PRÈS DE CLAIREFONTAINE. »

LE 26 AVRIL 1988, UN AVIS DE RECHERCHE « DANS L'INTÉRÊT DES FAMILLES » EST ÉMIS

Puis les « Popeye » reprennent la Fiat, balancent la baïonnette par la fenêtre, retournent à Vitry-sur-Seine et passent la nuit dans le lit de Farida !

Avant de déloger le magot de la cache des toilettes et d'en laisser, sur un rebord de placard, trois tubes de PVC bien en évidence...

C'est que Michel, joueur d'échecs, est fin stratège. En laissant là cette modique partie du butin (200 000 francs environ), il maquille un vol manifeste en fuite précipitée. La Fiat de Farida, abandonnée sur le parking de l'aéroport d'Orly, laissera penser que la belle a planté son Breton pour un exil doré sous les tropiques! Et tandis que Hellegouarch trouve chaise vide au parloir suivant, Michel se pointe chez les parents de Farida, le *« visage marqué »*. Il joue les angoissés. A ses côtés, Monique pleure carrément! Le père Hammiche, ouvrier immigré de la vieille école, reste silencieux devant son thé à la menthe. Mais Aïcha, la sœur cadette de Farida, s'inquiète.

— Farida avait laissé un double des clés de son appartement, se rappelle-t-elle. On y est allés.

Seules traces de vie trouvées sur place: une baguette de pain rassis et un bol de fruits moisis. Le dernier repas de Farida? Ou bien les vestiges d'un casse-graine englouti fissa, comme les Fourniret en laissent parfois derrière eux les soirs de carnage?

— On a fait le tour, cherché sous le lit, dans les placards, explique Aïcha. On est allés voir les voisins avec une photo de ma sœur.

Le 26 avril 1988, une « recherche dans l'intérêt des familles » (RIF) est lancée par le commissariat de Vitry. De son côté, Aïcha contacte un détective privé, mais ses tarifs sont exorbitants. Elle se rabat sur les dons de voyance d'un radiesthésiste...

— Il a mis son pendule au-dessus d'une carte, disant que Farida devrait se trouver à Bourges. (...) Il fallait que j'aille là-bas. Je me disais qu'elle devait être amnésique.

AÏCHA SE SOUVIENT D'UN MICHEL AUX QUATRE CENTS COUPS, NE MÉNAGEANT PAS SES PEINES

Toujours aussi serviables, les « Popeye » se proposent de l'accompagner.

— Mais j'ai tout payé: l'essence, l'hôtel, les restaurants, peste Aïcha. Sur place, on a fait toutes les rues, tous les hôpitaux.

Au volant de sa Peugeot 304, Michel est aux quatre cents coups. Notamment quand l'équipée croise une Fiat Uno rouge pétard, comme celle de Farida.

— C'est elle ! s'écrie Aïcha. Foncez, Michel !

Et l'assassin cynique de se lancer dans une course-poursuite trépidante qu'il sait pourtant parfaitement vaine... On dirait vraiment qu'il se démène ! Ainsi quand, prétextant avoir oublié quelque chose, Fourniret demande à faire un crochet par Saint-Cyr-les-Colons, Aïcha n'a-t-elle aucune raison de s'émouvoir. *« Mais dans la maison, il s'est assis à sa table en bois et il ne faisait rien. Je ne comprenais pas. Il était dans un état bizarre. Je lui parlais, mais il ne répondait pas. »*

Soudain, Michel bondit vers Aïcha, toutes griffes en avant.

— Je l'ai vu s'approcher rapidement de moi et s'arrêter net. Il regardait derrière mon épaule. Je me suis retournée et j'ai vu la crevure féminine faire « non » de la tête...

La *« crevure »*, c'est Monique, dite aussi *« la grosse limace gluante »*. Aïcha comprendra plus tard le sens de cette scène sinistre. Ce jour-là, une fois n'est pas coutume, la mésange a retenu son tigre. Preuve d'une remarquable complémentarité dans le crime, elle a vu les ennuis qu'une seconde « disparition » pourrait leur attirer – les soupçons des parents, la vengeance du Breton...

Et c'est elle encore qui, enceinte de 6 mois, ira proposer son aide à un Hellegouarch de plus en plus inquiet. Convaincu que sa Farida ne l'aurait jamais laissé en carafe, le braqueur comprend qu'on l'a doublé. Il s'interroge sur les gars du milieu, suspecte tous ses contacts. Tous, sauf « ses » Popeye, ces si braves gens... Et Monique d'enfoncer le clou au parloir, caressant son ventre :

— Michel et moi, on se demandait si tu accepterais d'être le parrain de notre enfant à naître...

Comment croire une seconde que ce sont ces minables qui l'ont entubé ? Qu'en doublant le doubleur, ils ont fait main basse sur le faramineux butin des Postiches ? Qu'en un coup de baïonnette, ils lui ont volé tout son bonheur, toute sa fortune ? Impossible. De leurs cheveux gras à leurs godasses miteuses, rien ne trahit leur fortune. Leurs *« petits »*, comme ils appellent leur magot, dorment d'un sommeil de plomb au fond de leur jardin. Fruits d'un plan machiavélique, d'une comédie parfaitement maîtrisée, ils vont assurer à Michel et Monique le confort de l'esprit. Car après cette spectaculaire incursion en haute pègre, le couple diabolique compte bien retourner à ses premières amours. C'est bien joli, la ruée vers l'or. Mais la chasse aux vierges, c'est encore mieux.

Le foyer Leclerc de Fourolles, à Auxerre, où vivait Marie-Angèle Domèce.

CHAPITRE 5

DANS LES GRIFFES DES « MISÉREUX »

Sous sa frange garçonne, le regard est limpide, d'un bleu très pur. L'innocence même. A la voir traverser, sac au dos, la cour de cet hôtel particulier puis franchir la noble grille, on pourrait croire qu'elle fait partie des heureux – jeune fille de bonne famille, à l'avenir tout tracé. Avec ses hauts murs d'enceinte, son jardin fleuri et sa longue façade Louis XIV, l'hôtel Leclerc de Fourolles est l'un des plus beaux édifices d'Auxerre. Le Roi-Soleil lui-même y a jadis passé une nuit, un soir d'étape sur la route de Versailles.

Mais aujourd'hui, celles qui couchent là se passent de baldaquins. Reconvertie en foyer pour jeunes filles, la grande bâtisse abrite des pensionnaires bien moins privilégiées. Comme Marie-Angèle, 18 ans tout juste. Nous sommes le 8 juillet 1988, en tout début d'après-midi. Sweat-shirt clair, jean ample retroussé aux chevilles, Marie-Angèle tourne à grands pas rue Saint-Germain, puis à gauche, direction la gare. Elle les a tant attendues, ces vacances ! Ce soir, et pour deux mois, elle dormira dans une chambre rien qu'à elle, auprès de sa mère de substitution : sa nourrice adorée. Cette dernière l'attend à son domicile de Migennes, au nord d'Auxerre, à 30 minutes de train. Surtout, ne pas le louper ! Profiter de chaque minute là-bas ! Car ils sont rares, les bons moments, dans la vie de Marie-Angèle...

Marie-Angèle Domèce.

« ELLE EST NÉE SOUS UN MAUVAIS CIEL. UN PÈRE DÉPRESSIF, PORTÉ SUR LA BOUTEILLE. UNE MÈRE INCAPABLE DE S'OCCUPER D'ELLE. »

SE POURRAIT-IL QUE LA CHANCE, CONTRE TOUTE ATTENTE, SE METTE ENFIN À TOURNER ?

Née prématurément, elle n'a tiré, comme on dit, qu'une série de mauvais numéros. Un père vétéran d'Indochine, dépressif, porté sur la bouteille. Une mère à moitié SDF, prostituée occasionnelle, instable, qui n'a jamais su s'occuper d'elle. Une nuit, alors que Marie-Angèle n'a pas 6 mois, elle percute un motard sur une départementale et le tue. La petite, expulsée dans un champ, s'en tire avec quelques égratignures. Placée à la DDASS, elle est diagnostiquée déficiente mentale légère. Maman disparaît alors du tableau. Jusqu'au printemps 1988 où, dans une lettre, elle propose à Marie-Angèle... de se prostituer avec elle ! Pas étonnant qu'au foyer Leclerc, la jeune fille se montre perturbée. Et lance, un jour, un couteau vers une camarade de cantine. Avertissements, crise de sanglots, pensées suicidaires... Il y a du Zola dans tout ce malheur. Mais ces derniers temps, la vie s'adoucit. Il y a d'abord Véronique, sa grande sœur jusqu'alors inconnue, qui l'invite chez elle et la traîne en boîte de nuit.

— Elle n'osait pas danser, elle était vraiment très réservée, se rappelle l'aînée, nostalgique.

Derrière les hautes murailles du foyer, un nouveau monde s'esquisse. Celui des projets, des amours. Premier petit copain, premières papouilles... Marie-Angèle décroche même un stage en entreprise, prévu pour la rentrée. Alors, en ce premier jour de vacances, dans les rues d'Auxerre, les arbres paraissent plus verts que jamais. Les flots de l'Yonne, plus miroitants de lumière sous le pont Jean Moreau... La gare ? Marie-Angèle ne l'atteindra jamais. Le train de 15 h 41 partira sans elle.

C'est la nourrice qui donne l'alerte. Claude Domèce, le père de Marie-Angèle, se souvient :

— Le lundi, le foyer m'appelle pour me demander si j'ai vu ma fille. Je sais par Véronique, sa grande sœur, qu'elle a un petit copain. Je me dis qu'elle est partie avec lui, qu'elle réapparaîtra lundi soir, mardi maximum...

Claude Domèce nous a reçus chez lui pour évoquer la mémoire de sa fille.

MARIE-ANGÈLE SE SENTAIT « OBSERVÉE, ÉPIÉE, COMME SI ON LA SUIVAIT »

Or, mardi soir, toujours rien. Claude se rappelle alors la dernière visite de sa fille, quelques jours auparavant. Marie-Angèle s'était présentée seule à sa porte. Bizarre.

—Comment tu es venue? s'étonne Claude. Véronique ne devait pas te récupérer à la gare?

—Je suis venue par la route, répond la jeune fille, évasive.

—Tu n'as pas fait du stop, quand même? C'est dangereux! Qui t'a amenée?

Et Marie-Angèle de botter en touche:

—Celui-là, je le connais, il m'a prise à côté du foyer.

Sur le coup, Claude ne relève pas. Il faut souvent faire la part des choses dans les bizarreries de Marie-Angèle. N'a-t-elle pas confié à Véronique, quelques mois plus tôt, qu'elle se sentait *« observée, épiée, comme si on la suivait »*? Ces deux épisodes, a priori anodins, commencent à sérieusement alarmer Claude.

—Je parle alors avec une responsable du foyer, se rappelle-t-il. Elle me dit que depuis quelque temps, Marie-Angèle est en contact avec des gens de mauvaise apparence.

Et plus précisément:

—Un couple est venu la voir au foyer...

Dans le salon où le vieil homme nous reçoit, une photo de Marie-Angèle trône toujours sur l'étagère de la bibliothèque. Le couple suspect, lui, n'a jamais fait l'objet de portraits-robots. Claude et Véronique Domèce ne le digèrent pas:

—Marie-Angèle avait beau être majeure, lâche Véronique, amère, elle était sous la responsabilité de la DDASS jusqu'à ses 21 ans. Sauf qu'au bout de six mois, un non-lieu a été prononcé... L'enquête a été franchement bâclée.

Il faudra presque vingt ans pour comprendre. La proximité de la gare, comme pour Dahina. Le rapt d'Isabelle Laville, six mois plus tôt, à 2 kilomètres à peine du foyer. La *« mauvaise apparence »*. Tout ramène à Fourniret, des aveux récents le confirment: Marie-Angèle est sa troisième victime. Vite enlevée, vite violée. Et après qu'il a *« éjaculé trop tôt »*, vite étranglée. La chance, pour cette malheureuse enfant, n'aura finalement pas tourné...

L'AVARICE, CHEZ MICHEL FOURNIRET, EST UNE SECONDE NATURE

Floing, dans les Ardennes. Ce long terrain pentu, flanqué d'une vieille bicoque au-dessus d'un verger de pommes et de coings. C'est ici, fin juillet 1988, que l'on retrouve le couple de *« mauvaise apparence »*. Plusieurs raisons à ce déménagement. D'abord, Fourniret est resté très attaché à ses Ardennes natales. Raison de prudence élémentaire, ensuite : déjà deux meurtres commis coup sur coup dans l'Yonne. Deux cadavres qui peuvent réapparaître, malgré les précautions prises... Raison pratique enfin : le numismate dijonnais chez lequel on a déjà échangé quelques pièces d'or contre du papier-monnaie, commence à les connaître. Pour des transactions anonymes, rien de mieux que le Luxembourg ou Bruxelles, à un saut de voiture d'ici. Billet de 500 par billet de 500, Fourniret s'enrichit patiemment, sous les radars. Ses *« petits »* sont bien au chaud ici, sous la terre noire des Ardennes. Il ne les extirpe qu'au compte-gouttes, selon la vieille devise de sa mère : *« Le premier argent gagné est celui que l'on ne dépense pas »*. Jamais trop de courses, jamais de plein d'essence : le strict nécessaire, toujours.

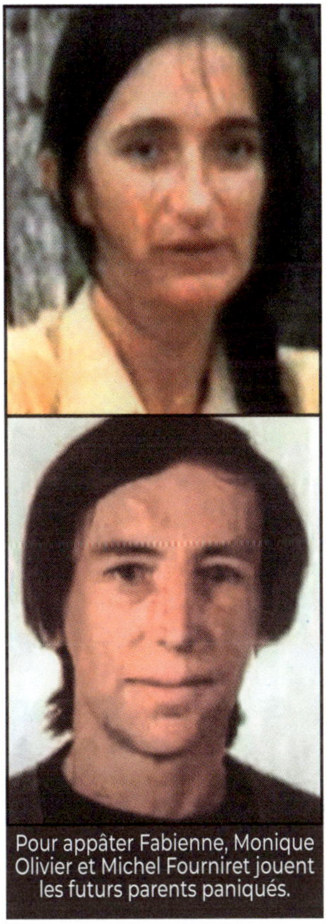
Pour appâter Fabienne, Monique Olivier et Michel Fourniret jouent les futurs parents paniqués.

Pas de télévision. Pas de radio. Faute de murs sains, on campe encore dans la vieille caravane. L'endroit ressemble à un dépotoir, un squat de ferrailleurs. Annette (qui a quitté les lieux depuis longtemps) ne reconnaîtrait plus son ancien mari sous ses traits d'ours mal léché, sa dégaine hirsute de semi-clochard. Les bons jours, un lapin cédé par les voisins mijote au fond d'un ragoût fétide. Les mauvais, on se contente d'une soupe d'orties, ou d'une salade de pissenlits, fauchés aux fossés alentour.

Piètre ménagère, Monique règne en fée Carabosse sur un intérieur branlant, dans la fumée des cigarettes et le tumulte des tractopelles. Seul luxe : cette Peugeot 405 break, couleur beige-or, achetée cash. Loin d'eux l'idée de flamber au volant, bien au contraire. Bricoleur né, Michel sait que les bons outils font les bons ouvriers. Et la sale besogne est loin, très loin d'être terminée...

COMMENT S'EST-ELLE RETROUVÉE ICI, UN CANON BRAQUÉ ENTRE LES OMOPLATES ?

Mercredi 3 août 1988, Intermarché de Châlons-en-Champagne (Marne). Les Fourniret chargent leurs courses dans le coffre de la 405 quand Michel repère une silhouette à la sortie du parking. Et décide, du tac au tac, d'ajouter un dernier article à sa liste. A 20 ans, Fabienne Leroy vit, sans le savoir, les dernières heures de sa courte existence. Elle ne peut s'en douter, ils ont l'air si inoffensifs... La dame, enceinte jusqu'aux yeux. Le mari, paniqué par les pseudo-contractions de sa femme, cherche désespérément un médecin. Il a besoin, dit-il, qu'on le guide. Fabienne monte. Le piège se referme, débouche sur un chemin au milieu des bois. Sous prétexte d'une pause pipi, le couple fait descendre Fabienne. Sur ordre du mari, l'épouse sort de la boîte à gants un pistolet à grenailles, qu'elle braque sur la malheureuse. Fabienne obtempère, tend ses poignets. La corde, déjà, lui mord les chairs. Et l'homme de l'interroger, tout en l'attachant :

—Tu es vierge ?

—Non, répond-elle, la gorge nouée. J'ai un petit copain...

Cette réponse aurait refroidi l'ancien violeur de l'Essonne. Mais Michel n'est plus le même, depuis Monique. Aussi le « fauve » prend sa « mésange » à témoin :

—Mademoiselle ici présente a déjà une vie dissolue, crache-t-il entre ses dents. Tu vois, cette jeune fille, c'est une putain !

Il jette sa victime dans l'herbe fraîche. Lui ôte son jean. Sa culotte. Clame qu'elle n'a aucune raison de se refuser à lui puisqu'elle a déjà *« fait dodo »*. Encore faut-il s'en assurer. Comme Isabelle Laville avant elle, Fabienne doit subir l'humiliante séance de vérification digitale. Accroupie dans l'herbe, malgré son ventre gonflé par huit mois de gestation, c'est Monique qui s'y colle. De mauvaise grâce, d'ailleurs... Agrippant alors brutalement le coude de sa compagne, l'infâme bonhomme s'énerve.

—Dégage ! Tu es inutile !

Puis, abandonnant Monique, il s'en va plus loin. En lisière d'une pâture, seul avec sa victime, l'Ogre des Ardennes poursuit ses horribles expérimentations. La fait-il boire,

La maison des Fourniret à Floing, dans les Ardennes.

avant toute chose? Fourniret l'a toujours nié. Mais les 35 milligrammes d'alcool retrouvés dans le sang de Fabienne Leroy parlent d'eux-mêmes... Pas de pénétration, mais une tentative, en témoigne l'hématome laissé sur sa cuisse. Agenouillée de force (son jean maculé de terre en attestera), Fabienne doit maintenant « contenter » le monstre. *« J'ai ressenti le besoin de l'humilier »,* avouera-t-il. On imagine la détresse abyssale de Fabienne. Sa peur, lorsque Fourniret la conduit yeux bandés jusqu'à Saint-Hilaire-le-Grand, dans un autre bois. Et, lorsqu'il lui injecte des bulles d'oxygène dans les veines, pour provoquer une embolie gazeuse, la panique qui pulse dans son cœur. Ce même cœur qu'un fusil calibre 12 finalement éclate, d'une décharge brutale et cruelle.

EN ABATTANT ICI SA VICTIME PAR ARME À FEU, IL A CONSCIENCE DE BROUILLER LES CARTES

Le lendemain, des militaires en manœuvre recueilleront son corps meurtri. Le terrain fait partie du camp de Mourmelon... Depuis des années, de jeunes soldats disparaissent ou sont retrouvés étranglés autour de cette base militaire (Pierre Chanal sera arrêté quelques jours plus tard et inculpé). En achevant sa victime ici, Fourniret brouille sciemment les cartes. Et gardera un souvenir ému de tout ça: les ballerines de Fabienne qui valdinguent, sa chaîne en or brisée en deux par la déflagration, son *« gémissement inoubliable »*... Ironie tragique: c'est tandis qu'ils visionnent des images de Fabienne, sur de vieux films Super 8, que les parents Leroy recevront le coup de téléphone qu'aucun parent ne devrait recevoir...

Hasard insupportable encore, un mois plus tard: les assassins deviennent parents. Sans enthousiasme. Pourquoi bondir de joie? Monique enceinte, c'était l'appât parfait. Ce fils baptisé Sélim, né le 9 septembre 1988, ce sont surtout des problèmes, des frais, des responsabilités en plus. Amère comme ses cafés sans sucre, Monique se morfond sur son corps flasque, pense à une liposuccion des hanches. Michel préfère bricoler dans son atelier de vieilles tôles, jusqu'à l'épuisement. Alors Sélim peut bien brailler dans le taudis de Floing, personne ne lui sacrifiera sa sieste...

Fabienne Leroy.

Sur la table de chevet de ses parents, la photo est toujours là. On y voit Fabienne radieuse, une fleur de bougainvillier plantée dans sa chevelure châtain, posant dans un jardin d'Agadir, au Maroc...
Elle n'est pas née là-bas, ni en France d'ailleurs. Mais en Côte d'Ivoire, où Jean-Pierre et Colette Leroy étaient instituteurs. Ils n'ont jamais oublié cette scène. C'était dans un avion : Fabienne et sa jumelle, âgées de 2 mois, somnolant l'une contre l'autre dans leur couffin. Et tous les passagers fondant devant ces petites princesses endormies... Craquante, Fabienne l'était aussi dans son uniforme d'écolière, une robe à carreaux blancs et bleus. Touchante enfin, de retour en France, à veiller sur son petit frère. Combien de bateaux en papier ont-ils fait voguer ensemble, dans les caniveaux de leur village de l'Aisne ? Tennis, luge, natation, voile, canoë-kayak : Fabienne aimait se dépasser. 1,57 mètre, 53 kilos, mais une volonté de fer. C'est tout ça, sans doute, qui a séduit Raphaël, son grand amour de lycée. Il fera des études de dentiste, et Fabienne un BTS de biochimie. Ce maudit été 1988, elle débutait tout juste son stage à l'usine Henkel, spécialisée dans les colles, implantée à Châlons-en-Champagne, dans la Marne. Logée chez sa tante, Fabienne y allait chaque matin à vélo. Le 2 août, elle dort chez son petit ami Raphaël. Le lendemain, en sortant de l'usine, elle repasse par son studio, attache sa bicyclette, puis ressort à pied direction l'Intermarché. Sur le parking, Fourniret range ses courses, prêt à partir. A cinq minutes près, Fabienne Leroy serait toujours en vie. Elle aurait 53 ans aujourd'hui...

LE BORGNE N'A JAMAIS « MORDU » À L'IDÉE D'UNE FARIDA TRAÎTRESSE...

Le corps de Fabienne Leroy a été retrouvé non loin du camp militaire de Mourmelon.

Celui qui dort peu ces temps-ci, c'est Jean-Pierre Hellegouarch. Libéré de taule, mais pas de ses tourments. Il a bien retrouvé les trois tubes de PVC remplis de pièces dans l'appartement de Vitry-sur-Seine. Et les flics, la Fiat rouge sur le parking d'Orly. Sa Farida, une escroqueuse partie en cavale? Hellegouarch ne mord pas. Voilà des mois, des semaines qu'il patiente, qu'il observe. Un jour ou l'autre, quelqu'un de son entourage finira par faire un faux pas, par « claquer » un peu trop, et ce jour-là...

C'est ainsi qu'au débotté, l'air de rien, le Breton borgne déboule un beau jour à Floing. De son œil valide, entre deux guili-guili à son filleul Sélim, il inspecte les lieux. C'est vite vu. Ce papier peint qui se décolle, ce tout-à-l'égout à ciel ouvert... La bicoque est pourrie. Et leurs gueules! Pourries, aussi. Surpris en plein bricolage, Michel a les cheveux ébouriffés, le teint sombre, sale. *« On aurait dit un charbonnier »*, dira Hellegouarch. Et bobonne, n'en parlons pas. S'il pense débusquer ses lingots dans cette masure miteuse, le voilà quitte pour ses soupçons:

—C'était les Thénardier avec leur gosse. De vrais pauvres...

Et Michel de geindre de plus belle. Et qu'on n'a plus un rond. Et que c'est dur, avec le petit. Et qu'on bouffe même des orties. Bref, la misère noire. Même pas de quoi se payer le coiffeur. Fourniret pousse-t-il la perversité jusqu'à le lui demander? Ou est-ce Hellegouarch qui, de lui-même, s'empare d'une paire de ciseaux? Quoi qu'il en soit, bon prince, le truand se met bientôt à tailler dans la tignasse de son petit « Popeye »! Mèche après mèche, le sol malpropre se couvre de cheveux noirs, qu'un courant d'air emporte vers les tréfonds de la bicoque... Debout derrière son misérable ami, le Breton fignole le tour des oreilles, lui dégage bien la nuque. Ah, s'il pouvait lire dans ce crâne... Il y planterait aussi sec ses ciseaux et tournerait dix fois dans la plaie! En son for intérieur, Fourniret regrette-t-il son odieux coup de baïonnette? Peut-être. Un peu. Mais si peu! C'est qu'au moment même où il reprend forme humaine, ses *« petits »* font des « petits ». Les lingots, des billets, et les billets, une promesse de vente... Bientôt, Monique et lui déserteront ce cloaque pour les hauts plafonds de leurs rêves. Au château du Sautou, Louis XIV n'a jamais passé la nuit. Michel en sera l'unique souverain. Michel Ier, Ogre des Ardennes, roi de la nuit.

ANNEXE

JETÉ EN PRISON À LA PLACE DE FOURNIRET

En descendant de ma voiture de location, je suis saisie par le froid, mordant. Emmitouflée dans mon long manteau noir, je me presse jusqu'à la maison aux volets clairs qui se dresse en bordure des champs. C'est là, dans ce bourg rural près de Châlons-en-Champagne (Marne), que Thierry* habite. Les pieds gelés dans mes bottines, je sonne à la porte. Des bruits de pas. Un homme aux cheveux gris coupés court qui ouvre. Je reconnais immédiatement ce visage, observé sur les coupures de presse d'époque. Thierry a trente ans de plus, mais ses traits restent. Lorsqu'il découvre le motif de ma visite, son sourire disparaît.

— Ah non, c'est derrière moi ! Les gens ont oublié. Ça ne sert à rien de remuer tout ça…

Trop proche de la petite stagiaire de l'usine ?

Sa vie a basculé le 4 août 1988. A l'époque, Thierry a 22 ans et travaille comme chimiste chez Henkel, une fabrique de colles adhésives à Châlons-en-Champagne. C'est sur son lieu de travail que les gendarmes de la section de recherches de Reims débarquent, ce jour-là. Ils enquêtent sur le meurtre d'une stagiaire de l'usine, Fabienne Leroy, dont le corps dénudé vient d'être retrouvé en forêt *(voir chapitre précédent)*. Très vite, les enquêteurs découvrent que les jours précédant le crime, Thierry déjeunait à la table de Fabienne. Il l'avait même raccompagnée une fois jusqu'à son appartement. Cette « proximité » interroge. En prime, la rumeur prétend que Thierry avait des vues sur la jeune stagiaire…

— Une seule collègue a raconté ça ! me coupe Thierry. Fabienne, je ne la connaissais même pas.

Trois décennies plus tard, la colère est toujours là. Le traumatisme, aussi. Car dès lors, d'improbables coïncidences vont faire plonger le jeune chimiste en enfer…

En garde à vue, Thierry finit par douter de lui-même

Thierry roule en 2CV ? Deux témoins affirment en avoir vu une, stationnée près de chez Fabienne le jour du crime. La jeune femme a été tuée d'une décharge de fusil en pleine poitrine ? Thierry a déjà fait un stage dans un club de tir… Les gendarmes perquisitionnent illico son domicile. On y découvre un polo taché de sang, ainsi qu'une photo montrant deux femmes ligotées l'une contre l'autre. Ce n'est qu'un gag, monté avec sa sœur et sa belle-sœur ! Mais dans l'esprit des gendarmes, le profil du « chimiste sadique » prend forme… Le jeune homme est placé en garde à vue.

— On m'a interrogé pendant quarante-huit heures sans pause, se souvient Thierry.

Le problème, c'est que son alibi est flou. Thierry pense être allé à Carrefour, avoir traîné au rayon des platines laser, puis promené son chien le long du canal. Mais personne ne l'y a vu.

— Je ne me souvenais pas précisément de mon emploi du temps. J'étais le coupable idéal.

Des résultats d'analyses finissent d'assommer Thierry. Car le sang retrouvé sur son polo n'est pas le sien. Pire, il est du groupe A+, celui de Fabienne ! Et ses mains portent des traces de plomb, de baryum et d'antimoine… Trois substances typiques d'un tir d'arme à feu ! L'étau se resserre. Les trente-cinq pages d'interrogatoire se terminent par ces demi-aveux : *« Je ne l'ai pas tuée. Si je l'ai fait, je ne m'en souviens pas… »*

Thierry m'explique :

— A un moment, dans un interrogatoire sans pause, on a la tête qui explose. Les menottes, les questions sans cesse, on n'est pas préparé à ça. J'ai fini par douter de moi-même, par croire que je l'avais fait…

Après trois mois de détention, il sera blanchi par un non-lieu

Le lundi 8 août 1988, le suspect est déféré devant le juge d'instruction, qui l'inculpe pour « assassinat », avec mandat de dépôt. Thierry échoue dans l'une des 104 cellules de la maison d'arrêt de Châlons-en-Champagne. Son nom et sa photo sont jetés en pâture dans la presse locale. J'ai retrouvé les coupures. Difficile de blâmer mes confrères de l'époque : à ce moment-là, même Thierry doute de sa propre innocence !

— J'ai beaucoup réfléchi en prison. Je suis même allé voir le psy pour lui demander si c'était possible de commettre un meurtre et de tout oublier. Il m'a dit que non.

Thierry tente alors de comprendre comment son polo a pu se retrouver taché d'un autre sang que le sien.

— Et soudain, je me suis souvenu que mon frère et moi avions le même t-shirt. A l'époque, il préparait ses examens et saignait souvent du nez à cause du stress. Son groupe sanguin était A+...

Entendu, le frère confirme. Quant aux résidus chimiques trouvés sur les mains de Thierry, ils s'avèrent trop infimes pour être incriminants. La justice doute. Le 8 novembre, après trois mois de détention provisoire, le jeune chimiste est remis en liberté.

— Il n'y avait plus rien dans le dossier. J'ai été placé sous contrôle judiciaire, puis blanchi par un non-lieu le 11 février 1992.

Le directeur d'enquête l'appellera et s'excusera pour le « désagrément ». Mais malgré le non-lieu, le retour à la vie normale n'a pas été simple.

— Pendant longtemps, des gens m'ont regardé de travers, souffle Thierry. Ils continuaient de me soupçonner. Jusqu'à ce que Fourniret avoue... Seize longues années plus tard.

**Nous avons modifié le prénom.*

Une interview de ***Sophie Noachovitch***

Le château du Sautou, construit en 1871, fut d'abord un relais de chasse, puis une colonie de vacances.

CHAPITRE 6

LES CHÂTELAINS AUX MAINS SANGLANTES

Sitôt que l'on s'engage dans la longue allée creusée d'ornières, l'odeur prend à la gorge. Celle du frais sapin coupé dont on fait les cercueils. C'est là, à Donchéry (Ardennes), que s'élève le château du Sautou. Nichée au cœur du bois des Assimonts, où tant de crânes de soldats mordent encore les racines, la bâtisse trône d'un air hautain. Ses dix-huit fenêtres, rien que sur la façade principale, renvoient un regard opaque, jaloux de ses secrets. De part et d'autre, deux hautes tours se découpent, crevant le ciel gris des Ardennes. Ces « poivrières », comme disent les architectes, semblent moudre la nuit. Et, grain à grain, faire monter du sol comme une poussière de cendres. Du haut d'un pylône électrique, un hibou grand-duc reprend sa plainte ululante et lugubre... Au clair de lune, on jurerait ce manoir hanté. En vérité, le domaine des bois noirs attend toujours son propriétaire. Une créature à son image. Un ogre en son château...

— Monsieur Wiet ? Ne faites plus visiter, c'est vendu !

A l'autre bout du fil, la veuve Pié est soulagée : elle refourgue enfin la vieille demeure ! C'est qu'il y a tout à refaire là-dedans : les boiseries, les peintures, la chaufferie, l'escalier central, le toit éventré... Robert Wiet, l'exploitant forestier d'à côté, assure depuis six ans les visites du château. Ce 13 janvier 1989 sonne donc la fin de sa brève carrière d'agent immobilier. Une dernière curiosité, toutefois :

— Et qui est l'acheteur ?

— Fourniret. Monsieur et madame Fourniret.

Alors ça ! Les Fourniret, ces semi-clochards en jogging intégral ? Avec leur R9 d'avant-guerre ? De tous les acheteurs potentiels passés au Sautou, ils sont les derniers sur lesquels Wiet aurait misé ! Pourtant, ce sont bien eux qui viennent d'aligner les 1346004 francs demandés. En cash.

— Les économies de toute une vie, disent-ils au notaire.

A Donchéry, les rumeurs vont bon train. Les nouveaux châtelains auraient gagné au loto, trafiqueraient de l'héroïne... Vraiment louches, ces deux-là. Pourquoi vouloir installer cette barrière télécommandée à l'entrée du domaine ? Et ces façons de raser les murs, de vivre en ermites ? Les Fourniret s'en moquent bien. Ils viennent d'accomplir leur vieux fantasme, formulé dans leurs lettres : *« Restaurer un domaine, une ruine médiévale »*. Mais de « restauration », le Sautou ne verra jamais la couleur. Sous le toit d'ardoise, la pluie continue son goutte-à-goutte. Et le vieux poêle à bois, sa lente agonie. Pas un meuble, pas un tableau ne vient embellir les murs humides. Partout, le silence et la putréfaction. L'ombre et le mystère... Au fond, seul le parc de

15 hectares semble intéresser Michel. Aux manettes de son nouveau jouet, une tractopelle Dino jaune, il enterre tout ce qui dépasse : lignes électriques, tuyaux d'évacuation... Même la nuit, le monstre d'acier grogne, dévore la terre meuble. Des tranchées toujours plus sombres, plus profondes, prêtes à enfouir toutes sortes d'inavouables secrets...

À LA DESCENTE DU TRAIN, ON FORME DES VŒUX POUR REPRENDRE AILLEURS CETTE CONVERSATION PASSIONNANTE

Celle-ci, c'est sur la ligne Calais-Bâle qu'il la repère. « *Nous étions dans le même compartiment,* narrera l'Ogre. *Elle était assise en face de moi, côté couloir.* » Dans son anorak jaune, la blondinette se tient bien droite malgré le roulis du train. Lunettes à monture de métal, raie sur le côté : le genre très sage, presque grenouille de bénitier... A 21 ans, Jeanne-Marie Desramault fait déjà vieille fille. Etudiante en BTS bureautique, elle loge la semaine aux Bernardines, un couvent de bonnes sœurs à Charleville-Mézières. Son rêve : faire de l'humanitaire, aider les plus démunis... Fourniret avise son collier de corde tressée, où pend un crucifix. Jeanne-Marie lui décroche un petit sourire timide. La discussion s'engage sur Guy Gilbert, le très médiatique « *prêtre des loubards* ». Fourniret dévoile sa foi, dépeint ses expériences mystiques. Jeanne-Marie est subjuguée : quelle spiritualité chez cet homme... A la descente du train, elle lui promet de reprendre un jour cette conversation, si passionnante.

Et elle reprendra. Près de son lycée, Jeanne-Marie recroisera par hasard (du moins le croit-elle) son voisin de compartiment, cette fois avec sa femme. Souhaiteraient-ils, tant qu'ils y sont, visiter son couvent ? Une autre fois, déclinent-ils, promettant de « *porter du jambon* » aux bonnes sœurs. C'est que « Paul et Pierrette Jadot », comme ils prétendent se nommer, ont peu de temps libre. Ils doivent tenir leur ferme. D'ailleurs, leur jeune fils aurait besoin d'une baby-sitter...

— Tu devrais te méfier, lui conseille une copine de classe.

Mais Jeanne-Marie a confiance, aveuglément confiance. Les hommes sont bons, à l'image de Dieu son père. Du reste, les « Jadot » ne l'invitent-ils pas dans un salon de thé en Belgique, pour déguster des pâtisseries tout en parlant des Evangiles ? Jeanne-Marie en revient enchantée. Alors pourquoi se méfier ?

MAL À L'AISE, LA JEUNE FILLE PREND PLACE SUR LE VIEUX CANAPÉ, LES MAINS SUR SA JUPE GRISE...

Samedi 18 mars 1989, à l'aube, le souci barre pourtant le front innocent de Jeanne-Marie. A cause de l'appel de sa mère, la veille. Les nouvelles de son vieux père, malade, ne sont guère brillantes. La voilà le long du quai désert de la gare de Charleville-Mézières, guettant le train de 5 h 39 pour Béthune. Jeanne-Marie se tient immobile dans son anorak jaune, pensive... Quand soudain:

—Tiens! Jeanne-Marie!

Dans le petit matin, les Jadot semblent deux anges tombés du ciel. Mis au courant de la santé du papa, monsieur Jadot compatit franchement. Et propose aussitôt de la conduire: Béthune n'est qu'à 2h30 de route. Trois, en comptant l'arrêt à la « ferme » de Floing, l'occasion de rencontrer leur nouveau bouvier des Flandres, un sacré numéro... Et c'est vrai que Moli, bavant, jappant de bonheur, a tout d'une grosse peluche. Par contre, la « ferme » fait frissonner. Vergers chétifs, murs de parpaings bruts, salon jonché d'outils rouillés... Mal à l'aise, Jeanne-Marie prend place sur le vieux canapé, ballerines bien parallèles, mains sur sa jupe grise. La cafetière se met à ronronner... Par la fenêtre, un petit jour mauvais point sur des pâtures sans bétail. Et monsieur Jadot qui ne quitte pas, de ses yeux brûlants, la poitrine maigre que barre le crucifix, telle une cible... Les minutes s'égrènent, lourdement. Pourquoi ne remonte-t-on pas dans la 405? Est-ce vraiment le moment, pour madame Jadot, de faire le ménage? Le malaise va grandissant...

C'EST SOUS LE SIGNE DE LA CROIX QU'À BOUT DE FORCES, JEANNE-MARIE POUSSE SON DERNIER SOUFFLE

—Etes-vous vierge?

Jeanne-Marie rougit, choquée. Pourquoi cette question? Cette bicoque sinistre n'a rien d'un confessionnal... Et son interrogateur, rien d'un curé... Oui, elle l'a déjà fait. Une fois. Avec un garçon plus âgé, dont le handicap a touché son âme charitable. Comme elle l'avoue du bout des lèvres, l'homme bondit de rage, l'empoigne de ses grosses mains, la tire jusqu'à la chambre:

—Putain!! Petite salope!!!

Déjà, il déchire ses collants. D'un coup de ballerine, Jeanne-Marie casse un carreau, s'extirpe, court vers la porte d'entrée, pousse un cri d'horreur qu'une main puissante vient comprimer, rentrer dans sa gorge.

— Dieu... vous punira... souffle-t-elle, faiblement.

« *Je l'ai étranglée très longtemps,* se souviendra Fourniret, *j'ai vu perler de ses yeux des larmes de sang.* » Et comme la pauvre enfant gémit encore, l'Ogre vocifère, demande assistance. Monique, lâchant sa serpillière, se précipite dans la salle de bains, en ressort avec des bandes adhésives Elastoplast, qu'elle s'empresse d'apposer sur le visage de l'agonisante. Une bande verticale, sur le nez. Une autre horizontale, sur la bouche. C'est donc sous le signe de la croix qu'à bout de forces, Jeanne-Marie pousse son dernier souffle. Fourniret caresse un peu sa poitrine, puis part l'enterrer le soir même, à 2,50 mètres de profondeur, dans une tranchée déjà entamée du Sautou. Sans fleurs, sans couronnes: dans un requiem de tractopelle. Au loin, les deux tours du château semblent sonner un tocsin funèbre, clochers complices. Dans « *une forme de respect* », le bourreau passe un sac plastique sur l'innocente tête blonde: ni la terre, ni les insectes ne viendront souiller son doux visage. C'est donc toujours pure, ou presque, que Jeanne-Marie retourne à la poussière...

« EXCUSEZ-MOI, MADEMOISELLE, CONNAÎTRIEZ-VOUS L'ADRESSE D'UN DOCTEUR ? MON BÉBÉ A DE LA FIÈVRE... »

« *Une petite danseuse qui n'effleurait pas le trottoir* ». Quand il croise cette gamine « *pleine de grâce* », en revenant de chez son numismate, Michel bout d'excitation. Il la veut. Depuis des heures, il attend devant la maison de Saint-Servais (Belgique) où il l'a vue s'engouffrer. Pas la sienne, visiblement, mais celle d'une copine de son âge: 12 ans tout juste. A l'intérieur, les deux collégiennes jouent au Monopoly, font quelques blagues au téléphone puis se lancent dans un cache-cache endiablé. Loin de penser qu'à chaque frisson de rideau, sous les fenêtres illuminées, un prédateur guette, feignant d'admirer le potager du voisin... De loin, on pourrait croire à un pépiniériste en goguette. D'ailleurs, Madame l'attend dans la R9 grise, leur bébé somnolant à l'arrière. Gentille petite famille... Aussi, lorsque, à 18 h 51, sur le générique de *Madame est*

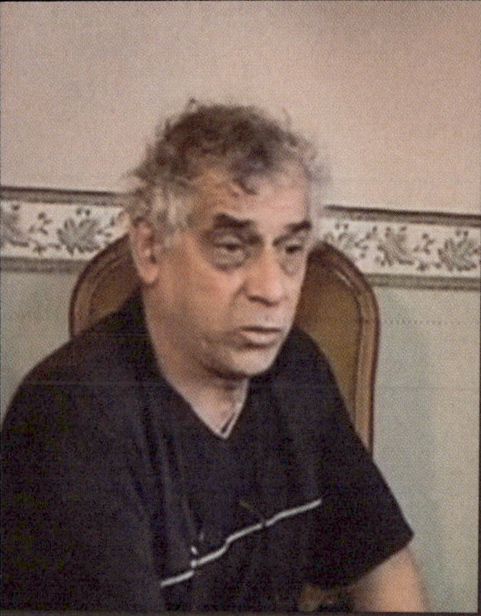

CES VOISINS À QUI ILS NE POUVAIENT PAS « TOUT DIRE »...

Lors de leurs allers-retours à Floing, les Fourniret saluent toujours leurs voisins, Gérard et Jocelyne Cadé. Lui est agriculteur, elle, restauratrice de meubles.

Et ils garderont d'étranges souvenirs de cette amitié... Comme cette fois où Fourniret glisse un billet de 500 francs à leur fils de 10 ans, pour l'avoir aidé à monter une charpente :

—Tu exagères, Michel, le sermonne Gérard, c'est trop pour un enfant de cet âge...

—C'est entre lui et moi, répond l'autre.

Un autre jour, père et fils surprennent leur voisin... habillé en femme ! *« En pute »*, rectifie Gérard : Michel porte une perruque noire, une minijupe en skaï, des bas résille et des talons hauts !

—Qu'est-ce qui te prend ? demande Gérard.

—C'était pour faire une blague à ton fils ! improvise Michel.

Floing n'étant qu'à 8 km du Sautou, les Cadé se voient souvent confier la garde du petit Sélim. Parfois pendant trois ou quatre jours, sans avoir de nouvelles des parents.

—Mais qu'est-ce qui vous est arrivé ? demande Gérard, à leur retour.

—Si on vous le demande, vous dites que vous n'en savez rien.

Parfois, Michel, en pyjama et pantoufles, les surprend au saut du lit. Il vient papoter de tout, de rien, de l'actualité, d'un match de foot du club de Sedan... Puis repart vingt minutes après.

—Je pense qu'il se fabriquait des alibis, au cas où il aurait été repéré dans l'une de ses virées, analysera Gérard Cadé plus tard.

Le 28 juillet 1989, lui et sa femme sont choisis par leurs voisins comme témoins de leur mariage. Sauf que le jour J, la petite place de la mairie de Floing reste déserte. Aucun invité cravaté à l'horizon. Les Cadé pensent à une erreur de date ou à une mauvaise blague... mais les Fourniret finissent bien par apparaître. Lui, tout rabougri dans un costume vieillot. Elle, boudinée dans sa robe noire.

—Mais... il n'y a personne? demande Gérard Cadé. Pas de frères, de sœurs?

—Non, on n'attend personne, répond Michel.

Et le mariage est expédié en quinze minutes, sans même d'échange d'alliances! Dans la foulée, les jeunes époux invitent les Cadé dans leur bicoque: un café, une part de brioche, au revoir et merci! Les Cadé restent surtout hantés par un épisode: la fête de communion de leur fils. Au menu, coq au vin, salsifis du printemps et lapin au cidre. L'ambiance est bon enfant... sauf à la table de Michel et Monique. Assis côte à côte, ils ne parlent à personne, pas même entre eux. *« On aurait dit un frère et une soeur »*, s'étonne Gérard. Et quand la Danse des canards retentit à la sono, c'est forcés que les Fourniret *« se secouent le bas des reins »* et font *« coin-coin »*... Avant de quitter la fête, Michel griffonne un petit poème à l'attention des Cadé, au dos de la carte des plats : *« Vous êtes ma rosée du matin / Et la douceur du satin / Vous êtes la douceur du soir / Dans l'eau claire de vos yeux je voudrais boire ». Reste ce dernier vers, lourd de sens : « Ah ! Si je pouvais tout vous dire... »*

servie, Elizabeth Brichet ressort seule sur le perron, dans sa doudoune parme, le loup n'a aucun mal à se déguiser en grand-mère :

—Excusez-moi, mademoiselle, connaîtriez-vous l'adresse d'un docteur? Mon bébé a de la fièvre...

Elizabeth accepte de le guider. Elle grimpe dans la R9, assied sa jupe grise à côté du siège bébé. Le cabinet du médecin est vite dépassé. La sécurité enfant, déjà enclenchée. La gamine s'affole, pleure.

—Madame, aidez-moi! supplie-t-elle, désespérée, à l'adresse de Monique.

Mais la dame aux cheveux noirs reste silencieuse. Sans pitié. C'est même elle qui, à la frontière franco-belge, encourage son mari à franchir ce cap risqué. Elle qui, une fois à Floing et constatant que la jeune Elizabeth a ses règles, s'attache placidement à lui faire sa toilette intime. A la « préparer »...

C'est devant une maison de cette rue de Saint-Servais, en Belgique, que Michel Fourniret a guetté plusieurs heures la petite Elizabeth.

LA MISE À MORT D'ELIZABETH EST LONGUE. PÉNIBLE. « PAS FACILE », DIRA FOURNIRET PLUS TARD…

Enivrée avec du vermouth, attachée les bras en croix sur le lit, la proie est mûre. Mais le fauve, pas vraiment. Les sanglots d'Elizabeth, ses vomissements, son corps trop jeune, trop étroit, laissent Fourniret démuni: *« Il aurait fallu la forcer comme un sauvage… »*. Nouvel échec, la nuit suivante, dans les combles du Sautou. Dans le grenier glacial, parcouru de fantômes et de courants d'air, l'Ogre capitule. Il regrette maintenant cette *« présence gênante »*. S'éloigne du matelas, disparaît dans l'ombre… pour mieux revenir, un sac plastique translucide à la main. D'une voix blanche, celle de l'espoir disparu, l'enfant demande alors:

—Vous allez m'étouffer…?

Evidemment: *« sac égale asphyxie »*, dira-t-il. *« Je me suis retrouvé seul face au technicien que je suis. Je dois juste contrer sa résistance, (…) faire taire ce regard.* » Et Fourniret de murmurer à sa victime, juste avant de lui enfiler sa fine cagoule de plastique : *« Le voyage se termine, c'est fini »*. La mise à mort d'Elizabeth est longue. Pénible. *« Pas facile »*, à cause des *« soubresauts du corps »*. Un temps stocké au congélateur, le petit cadavre, *« givré mais pas rigide »*, est enroulé dans un plaid. Puis, une fois la tranchée finie, déposé sur le dos, avec l'anorak de la fillette et son agenda Snoopy. La terre noire s'abat sur les yeux bleus encore ouverts d'Elizabeth. Dans l'indifférence froide du vent de décembre, le Sautou engloutit sa deuxième martyre.

Côté belge, l'enquête s'embourbe. On traquera une Mercedes *« aux lignes carrées à l'arrière »*, repérée par un fleuriste. On retournera le jardin d'un curé à la pelleteuse. On remontera des pistes jusqu'à Tahiti, Hong Kong, les Baléares. On accusera aussi la mère, un grand classique des années 80... Les Fourniret, désormais mariés *(voir encadré)*, ne seront jamais suspectés. Sinon de fraude : comment ces misérables sans revenus peuvent-ils se payer un tel château ? Voilà qui dépasse les contrôleurs du fisc. Redressé à hauteur de 650 000 francs, Michel s'en acquitte sans sourciller, aux

Elizabeth Brichet

L'enfant aura beau pleurer, supplier, tout au long du trajet, aucune lueur de pitié ne passera dans l'œil torve de Monique Olivier.

« MALGRÉ SES 12 ANS ET UNE INTELLIGENCE PRÉCOCE, LA FILLETTE ACCEPTE DE MONTER DANS LA VOITURE DE L'OGRE... »

frais des Postiches comme toujours. Idem pour ces vingt grosses pièces d'or qu'il offre à ses filles jumelles, venues passer quelques jours au Sautou. Le 28 juin 1990 : nouvelle alerte, plus brûlante. Cette fois, c'est l'antiterrorisme qui soupçonne Fourniret, par l'entremise de Hellegouarch, d'être financé par le groupe armé Action directe et d'en jouer les concierges. Mais Fourniret s'insurge : ce château, il ne le doit qu'à un stock de nickel patiemment constitué et vendu au bon moment ! Les policiers vérifient. Mais de la cave au grenier encombré, ils ne trouvent ni arme ni explosif. Pas même un tableau de maître. Après plusieurs heures de fouilles, les portières claquent de dépit dans la cour du Sautou, à quelques mètres de deux petits corps aux chairs putréfiées.

LES FOURNIRET PASSENT EN JUSTICE POUR UNE BROUTILLE : LES RAVAGES CAUSÉS CHEZ L'EX-MARI DE MONIQUE

Peu après l'assassinat de Joanna Parrish, sans doute leur plus brutal *(voir annexe suivante)*, les Fourniret répondent enfin devant la justice... pour une broutille. Ce 20 novembre 1990, le tribunal correctionnel de Nantes les juge pour les ravages *« sataniques »* perpétrés chez « Salvator », l'ex-mari peintre de Monique. A la barre, deux grands comédiens. Bien sûr, ils ont détruit les toiles. De fait, ils les ont brûlées. Une grosse bêtise. Mais comparé aux sévices jadis endurés par Monique... La cour se montre clémente : du sursis pour elle et quatre mois ferme pour Michel, sans mandat de dépôt. Les voilà donc libres, à 600 kilomètres de chez eux. Le chien attendra dans leur nouveau fourgon C15 blanc. Les voisins de Floing pourront bien garder Sélim une nuit de plus. Tant qu'à séjourner au bord de la mer, autant se payer un souvenir sur la côte...

PANTALON AUX CHEVILLES, IL EXTRAIT DE SA CAISSE À OUTILS UN TOURNEVIS CRUCIFORME

Ce souvenir, ils le laisseront quatre jours plus tard à un promeneur de Brem-sur-Mer (Vendée) : un jeune corps sans culotte, recraché par les vagues et livré aux mouettes voraces. Face contre le sable, la victime porte sur sa peau bleuie les traces de son calvaire : deux plaies à l'arme blanche, le blanc

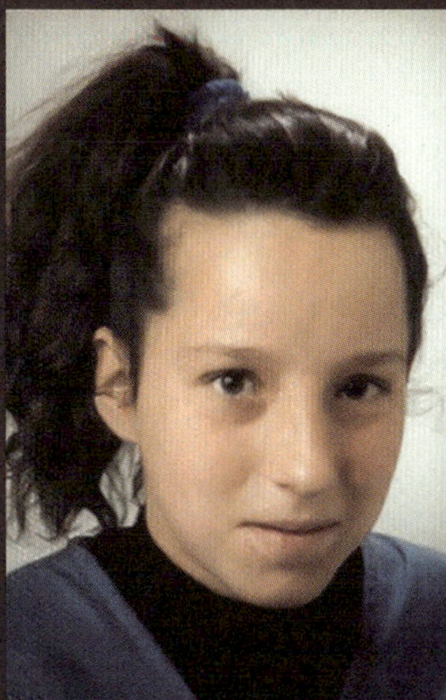

L'adolescente avait 13 ans.

NATACHA DANAIS : LA MORT POUR UN PORTE-MONNAIE

Ce 21 novembre 1990, à 17 heures, la famille Danais se gare sur le parking du Leclerc de Rezé (Loire-Atlantique). Dans l'habitacle, la mère, Marie-Jo (55 ans), trois de ses filles, son gendre et ses deux petits-enfants. En tout, sept passagers qui descendent de voiture ! Quand les Danais *« ravitaillent »*, comme ils disent, ce n'est pas à moitié...

A peine son Caddie en main, Marie-Jo doute, palpe ses poches. Elle a oublié son porte-monnaie sur la table, à la maison... C'est à quelques minutes de marche : Natacha doit y retourner. L'adolescente de 13 ans bougonne. Pourquoi elle ? Parce qu'elle n'a pas rangé sa chambre ce matin ?
A tous les coups, c'est pour ça.

— Tu viens avec moi ? demande-t-elle à sa cadette de 11 ans.

— Non.

Natacha s'élance donc seule, manteau violet sur le dos. Après quelques secondes, sa grande sœur l'aperçoit furtivement au loin, discutant avec le conducteur d'un fourgon blanc. Elle ne dit rien : Natacha semble le connaître... Embarquée pour la mort, elle ne dira jamais au revoir à son chien Flip. Ne déclarera jamais sa flamme à John, le beau gosse du collège qui faisait battre son cœur. Ne fera jamais les Beaux-Arts, ne réalisera jamais son rêve : devenir styliste aux Etats-Unis. Un porte-monnaie oublié, voilà ce qui a scellé son sort...

des yeux éclaté de veines rouges. Quelques lésions vaginales *« ténues »* laissent penser à une agression sexuelle... post-mortem. L'identité tombe : Natacha Danais, 13 ans, disparue trois jours plus tôt près du Leclerc de Rezé *(voir encadré)*. Fourniret racontera tout : l'éternel prétexte du médecin, la proie naïve qui monte, l'arrêt sur un petit chemin côtier... Et l'atroce suite à l'arrière du fourgon, sous l'angle froid du *« technicien »* :

— Elle s'est débattue, je l'ai attachée. J'étais en érection mais cela n'a pas duré longtemps, je n'ai pas pu la pénétrer.

Pantalon aux chevilles, il farfouille *« à tâtons »* dans sa caisse à outils. En extrait un tournevis cruciforme, au poinçon long de 15 centimètres.

— Je l'ai enfoncé doucement dans son cœur, sous son sein gauche. (...) Ce genre d'ustensile provoque des hémorragies internes sans susciter d'importants épanchements sanguins à l'extérieur (...). Elle ne s'en est même pas rendu compte. C'est lorsqu'elle a vu qu'elle saignait qu'elle m'a dit : « *Mais qu'est-ce que vous m'avez fait ?* ».

Un *« appui buccal et narinaire »* finit de l'achever. Partie promener le chien pendant la mise à mort, Monique découvre, déjà zippé dans un duvet rouge, le corps de Natacha. Fourniret va le jeter quelques kilomètres plus loin, au bord de l'océan. *« Je l'ai lavée et cachée dans les dunes »*, dit-il à Monique, taisant ses dernières pulsions assouvies sur le cadavre... Depuis, les dunes de Brem-sur-Mer gardent le plus sombre secret de l'Ogre : l'acte nécrophile.

PAR LA FENÊTRE OUVERTE, HELLEGOUARCH FAIT FEU SUR FOURNIRET... ET LE RATE

L'Ogre et l'Ogresse regagnent leur glacial repaire du Sautou, sereins. Déjà huit meurtres commis dans la plus parfaite impunité. Qui entendra la plainte funeste d'Elizabeth, de Jeanne-Marie, de celles qui suivront sous les pelouses mouchetées de lune ? En ce 9 janvier 1991, la nuit tombe par lambeaux sur le domaine du Sautou, avec son cortège de fuites d'eau, de chauves-souris et de toiles d'araignées... Mais tout château hanté a son revenant. Et celui-ci ne s'annonce pas par son cliquetis de chaînes. Lors d'une garde à vue au quai des Orfèvres, Hellegouarch a entendu un flic parler d'*« Action directe »*, du *« château du Sautou »* de *« Fourniret »*. Les Popeye dans un château ? Dans sa caboche de Breton têtu, les pièces s'assemblent enfin, comme des briques de colère froide. Pressé dans sa main droite, un flingue chargé. Dans la gauche, le volant de son véhicule, qu'il jette dans les virages forestiers. Les voilà qui apparaissent: deux « poivrières » fendant le ciel couleur cendre. Le château du Sautou. Le théâtre de sa vengeance... Du haut de son donjon, la Mésange prévient son *« fauve méfiant »*: voiture à l'approche. Hellegouarch voit bientôt deux points jaunes s'allumer au pied du manoir. C'est Fourniret, dans son C15, qui s'avance sur le chemin terreux. En une seconde, dans le stroboscope des phares croisés, ils se reconnaissent. Popeye! Le Breton! Coups de volant. Dérapages. Par la vitre baissée, Hellegouarch tire deux fois: raté! Déjà, le truand opère un demi-tour sauvage à la poursuite du fourgon blanc. Mais le fumier connaît bien ses terres. Ses petites routes. Comme le Breton, pied au plancher, se perd entre les pins, cette petite fouine de Popeye est déjà loin... Qu'à cela ne tienne. Hellegouarch rebrousse chemin, brise une fenêtre, saute dans le salon et tombe sur une Monique liquéfiée, son gamin de 2 ans dans les bras.

—Il est où, Fourniret?

Mais déjà, le téléphone retentit dans le manoir vétuste. Sa main au feu que c'est lui. Cette ordure de Popeye. Son détrousseur de magot. Son massacreur d'*« amor »*...

—Oui... répond Monique d'une voix blanche, canon sur la tempe.

—Si c'est Michel, attention à ce que tu dis, menace Hellegouarch, à voix basse.

Au ton de sa Mésange, le fuyard devine la situation.

—Ne t'inquiète pas... l'apaise-t-il. Tu ne risques rien.

Il a raison. Truand à l'ancienne, le Breton ne touche ni aux femmes ni aux mômes. Fourniret comprend d'autant mieux ce code d'honneur qu'il en est totalement dépourvu.

—Mais je ne peux pas rentrer maintenant, conclut-il.

Une tonalité sourde radote dans l'écouteur: le lâche a raccroché! Monique lève un regard apeuré vers Hellegouarch, mais le truand a déjà rangé son calibre. Le voilà qui s'empare de la télé, de la chaîne hi-fi. Et, les bras chargés, menace une dernière fois la *« crevure »*:

—Téléphone-moi quand il revient, sinon t'y passes aussi!

Pour l'Ogre, la vie de château est terminée. Une nouvelle tanière l'attend, plus anonyme. Ce qu'on appellera, à tort, sa *« décennie blanche »* peut dès lors commencer...

ANNEXE

JOANNA

Joanna était professeure assistante dans un collège-lycée d'Auxerre.

Jeudi 17 mai 1990. Le bourg de Monéteau (Yonne) se réveille sous un soleil radieux. Patrice B., un éboueur au chômage, en profite pour aller pêcher. Il est 9 h 15 lorsque le trentenaire dépasse les terrains de tennis de l'allée des Peupliers et déploie sa canne à pêche au bord de l'Yonne.

Debout sur la berge bétonnée, Patrice lance sa ligne, guette les brochets. Il repère surtout une masse blanchâtre qui dérive à la surface. Un bidon ? Non, la matière a l'air plus souple. Intrigué, le jeune homme s'avance dans la rivière, profonde d'à peine 60 centimètres, progresse vers la forme blanche... Quand soudain, soulevée par un léger remous, une tête de femme se retourne vers lui ! C'est un corps qui flotte ! Affolé, Patrice rebrousse chemin vers la berge et hèle une joggeuse, laquelle court donner l'alerte au café le plus proche.

Bientôt, une demi-douzaine de gendarmes débarquent et bouclent la zone. L'énigme commence. Aussi haletante que sordide…

LE TUEUR A JETÉ LE CORPS DANS L'EAU PEU AVANT SA DÉCOUVERTE

Le corps est celui d'une jeune femme châtain, aux yeux bleus, dans la vingtaine. Elle est nue. Sur elle, seulement un collier, une bague et un bracelet-montre à quartz cassé. Son visage est tuméfié. Un meurtre barbare, selon le légiste. Le corps de 1,67 mètre étendu sur sa table porte des marques de liens sur les lèvres, les chevilles et les poignets. La forme des sillons retrace un atroce scénario. La jeune femme a été bâillonnée, puis ligotée durant de longues heures, les bras en croix et les jambes écartées.
A priori à plat ventre, contre le rebord d'une table. On retrouve du sperme dans son vagin, des bleus sur ses cuisses et une morsure aux seins. Son anus a été forcé, avec un objet solide… Elle a enfin été étranglée, au vu du profond sillon sur son cou, avec un câble électrique. On décèle dans son sang un taux de 0,32 gramme d'alcool et de la Phéniramine, un antiallergique. Une marque de piqûre est détectée sur le pli intérieur de son coude gauche. Comme si l'assassin lui avait injecté quelque chose…

L'analyse du bol alimentaire situe le meurtre la nuit précédente, ce qui colle avec l'heure figée sur la montre à quartz cassée : 23 h 15. Le cadavre n'est pas fripé. Le tueur l'a donc jeté dans la rivière peu avant sa découverte.
Sans être surpris. L'employé de l'écluse toute proche prend pourtant son poste à 6 h 30. Il y a aussi plusieurs cafés à 100 mètres de là, sans compter les pêcheurs matinaux et les habitants qui ont vue sur la berge. Le tueur est soit chanceux, soit très chevronné… Quarante-trois gendarmes de la section de recherches d'Auxerre sont mobilisés.

ÉTUDIANTE EN LETTRES MODERNES, ELLE ADORE LA FRANCE

Avant tout, il faut identifier la victime. Par chance, le soir même, deux jeunes femmes se présentent au commissariat. Elles sont inquiètes. Leur amie, Joanna Parrish, ne donne aucune nouvelle depuis hier soir.

— Elle est petite, les cheveux châtains courts, les yeux bleus, explique l'une d'elles. Elle a un auriculaire recourbé.

Pas de doute : c'est bien l'inconnue repêchée à Monéteau. Les gendarmes dressent donc le profil de cette Joanna Parrish. C'est une Britannique de 20 ans, originaire de Newnham on Severn, où son père travaille comme géomètre. Etudiante en lettres modernes, elle adore la France. Son histoire, sa littérature, son « *French wine* ». A la rentrée dernière, justement, elle décroche un poste de professeure d'anglais assistante à Auxerre. Un billet d'avion plus tard, la voilà dans un logement de fonction, partagé avec trois autres jeunes profs. Joanna s'épanouit ici. Ses collègues du lycée Jacques Amiot d'Auxerre la disent studieuse et compétente. C'est même elle qui donne des cours de soutien au fils du proviseur. En dehors du boulot, Joanna peaufine son mémoire sur les figures féminines de la Résistance. Elle sort parfois avec des amis au cinéma, au théâtre ou au restaurant. Et déguste du Chablis, son péché mignon. Fidèle à son grand amour Patrick, parti étudier le russe à Prague, elle n'a pas d'amant. Pas de fréquentations troubles. Reste donc la mauvaise rencontre.

● Jeune étudiante anglaise donne cours ANGLAIS contacter Joanna. Tél. 86.46.95.51 poste 31 avant 21H

La petite annonce de Joanna, publiée dans l'hebdomadaire 89 Annonces.

UNE RÉCOMPENSE DE 40 000 FRANCS

Les gendarmes reconstituent son après-midi du mercredi 16 mai. Après une matinée de classe et une ratatouille avalée sur le pouce, Joanna donne un cours particulier à deux élèves, de 17 heures à 18 h 55. Puis elle sort, vêtue d'un pull bleu foncé et d'une jupe de couleur claire lui arrivant à mi-mollets. Plusieurs témoins la voient alors marcher vers le centre d'Auxerre. Ils notent qu'elle a l'air *« pressée »*. Les enquêteurs trouvent l'explication dans le dernier numéro de l'hebdomadaire local, *89 Annonces: « Jeune étudiante anglaise donne cours anglais, contacter Joanna au 86 46 95 51, poste 31, avant 21 h »*.

— Un homme l'avait appelée pour qu'elle donne des cours à son fils, un élève de sixième, révèle une coloc de Joanna. Il n'habitait pas à Auxerre et devait venir la chercher en voiture. Elle avait rendez-vous avec lui place des Cordeliers, à 19 heures, devant la Banque populaire.

Mais impossible de retracer cet appel. Et autour de la banque, l'enquête de voisinage fait chou blanc. Dès le dimanche 20 mai, Roger et Pauline Parrish, les parents de Joanna, posent leurs valises à l'hôtel Arcade d'Auxerre. Rongés de chagrin, mais déterminés à booster l'enquête. Après avoir déposé un bouquet de fleurs sur les berges de Monéteau, ils distribuent plus de 4 000 appels à témoins dans les commerces, les bars et les boîtes aux lettres de la ville. Sur le tract, une photo de Joanna, leur adresse et la promesse d'une récompense de 40 000 francs (6 000 euros) à qui permettra de démasquer l'assassin.

— On ne peut pas continuer à vivre

comme si de rien n'était, déclare Pauline Parrish. Un homme a tué ma fille. Je ne peux pas croire que personne ne sait rien. Je suis sûre que quelqu'un, une femme, une amie ou une sœur se doute de quelque chose!

La presse anglaise s'en mêle. *« Girl's rendez-vous death »*, titre le *Western Daily Express*, qui pointe la lenteur de la justice auxerroise. Le meurtre fait aussi la une en France. *Le Nouveau Détective* dépêche son reporter le plus expérimenté, Jean-Paul Pradier. Son enquête paraît dans le n° 420, daté du 31 mai 1990, sous le titre « *Le crime de 23 h 15* ». Il commence par ces lignes: *« On a sorti de l'eau le cadavre de la femme nue. Sur le cadran de sa montre, les aiguilles indiquent 23 h 15... Il est probable que le système d'horlogerie et le cœur de Joanna ont cessé de battre à peu près au même instant »*. C'est même, en l'état, l'une des rares certitudes du dossier...

« UN FOU ORGANISÉ ET TRÈS DANGEREUX »

Car les investigations piétinent. Du sperme ainsi que trois poils inconnus ont bien été prélevés sur le corps de Joanna, mais les techniques génétiques sont encore balbutiantes. La piste de la petite annonce est à l'arrêt. Restent les rumeurs qui bruissent en ville. Une lycéenne aurait failli être enlevée sous la menace d'un couteau. Le soir du drame, deux mecs louches auraient hurlé dans un bar qu'ils *« ne rentreraient pas chez eux avant d'avoir tué quelqu'un »*. On fantasme aussi sur les trois fêtards aperçus au « Chalet », une bicoque donnant sur les fameuses berges de Monéteau. Ou sur cette casquette abandonnée non loin, près des courts de tennis. Quant au *« maniaque au tisonnier »*, qui a massacré une infirmière auxerroise quelques mois plus tôt, il court toujours. Mais le mode opératoire ne correspond pas. Alors les gendarmes revérifient tout. Ils entendent tous les pervers fichés du coin. Auditionnent les 1200 élèves du lycée Jacques Amiot. Cuisinent les employés et parents d'élèves. Ils publient même une fausse petite annonce, similaire à celle de Joanna, pour appâter le maniaque. Mais celui-ci reste silencieux. Insaisissable. Avant de rentrer en Angleterre avec le corps martyrisé de sa fille, Roger Parrish déclare:

—Je crois que Joanna a été tuée par un individu intelligent, un fou organisé et très dangereux. Il recommencera.

Il a raison. Le piège, le viol, la piqûre au creux du coude, la strangulation, c'est la signature de Fourniret. Il n'habite plus dans l'Yonne, mais y repasse à l'occasion. Joanna est sa septième victime. On ne le découvrira, hélas, que vingt-huit ans plus tard.

Michel, Monique et leur fils Sélim.

CHAPITRE 7

LA FAUSSE « DÉCENNIE BLANCHE »

Douze kilomètres les séparent désormais de la frontière française. Pourquoi Sart-Custinne, ce bourg belge de 168 âmes ? Leur maison se dresse dans un virage, au 18, rue de Vencimont. Une ancienne fermette d'un étage, aux murs de pierres grises. Trois chambres, une cave, un grenier. Le tout livré aux chats errants, avec son toit éventré et sa vieille caravane déglinguée, rouillant dans l'herbe haute du jardin. Une ruine, en somme, mais Fourniret s'y voit déjà. A l'étage, ce sera son bureau, avec fax et table de dessin industriel. Ici, le salon, avec ses poutres apparentes, ses canapés en cuir, sa chaîne hi-fi pour écouter Bach et France Culture. Là, la cuisine américaine, avec ses soubassements de lambris. Au garage, il agencera son atelier de bricolage. Au fond du jardin : un four à pain. La précieuse tractopelle Dino, rapatriée du château, gronde déjà. Les voisins s'étonnent des *« trous énormes »* creusés jour et nuit, *« soi-disant pour planter des arbres »*. Fourniret dévoile sa force de travail titanesque. Son caractère spécial, aussi. On le voit un jour hurler sur une voisine, pour un parpaing empiétant de 5 centimètres sur son terrain. Pointilleux, le « technicien ».

Monique se met à la chorale. A la gym. Et même au VTT, avec des amies. A la traîne, la Girafe peine à pédaler avec sa bedaine et ses larges hanches. Mais c'est un début, elle s'intègre. Michel aussi force sa nature : au club d'échecs de Philippeville, le « stratège » se prend pour Kasparov, regard impavide sous ses nouvelles lunettes, se rengorgeant de ses huit coups d'avance... Ses adversaires se souviendront surtout d'un joueur très moyen, pénalisé par son orgueil. Côté finances, tout roule. Entre le RMI de Monique, les petits jobs manuels de Michel, la mise en location d'un studio acheté à Sedan et la revente du château, les Fourniret dorment sur un tas d'or. Sans parler du reste du trésor, caché dans le tambour de la machine à laver... et des raccords de câbles et de tuyaux bidouillés de Michel, pour consommer eau et électricité aux frais du voisinage ! Sandalettes marron aux pieds, Papa bricole. Maman fait ses mots croisés. Sélim, 3 ans, joue aux petites voitures. Alf, le chien, renifle les trèfles du jardin... Une vie tranquille ? Faute de meurtres officiels, on parlera d'une *« décennie blanche »*. Bien qu'elle fourmille de trous noirs, de mystères opaques et de sombres tentatives...

1991, L'ANNÉE ERRATIQUE

13 juin. Alors qu'il revient de Floing, Michel est arrêté aux douanes de Givet, à la pointe nord des Ardennes. Motif: violation de contrôle judiciaire. C'est qu'il doit encore répondre de trois agressions de femmes, commises entre juin 1989 et août 1990, dans la Meuse. La première, Fabienne, 20 ans, est braquée avec un revolver à un feu rouge de Verdun. Même chose pour la seconde, une infirmière de 33 ans, menacée en pleine nuit à l'entrée de Béthelainville. La troisième, une étudiante de 23 ans, se voit proposer de se faire *« enculer »* par ses soins. Toutes notent la même plaque d'immatriculation: 4431 QT 08. Inculpé mais laissé libre, Fourniret a interdiction de quitter le territoire: ses incessants passages de frontière viennent donc de le perdre. Condamné pour ces trois « écarts », Michel passe sept mois en prison. A Sart-Custinne, où son absence fait jaser, Monique prétexte un grave accident de voiture, une hospitalisation au long cours.

1992: VIE ET MORT D'UNE BABY-SITTER

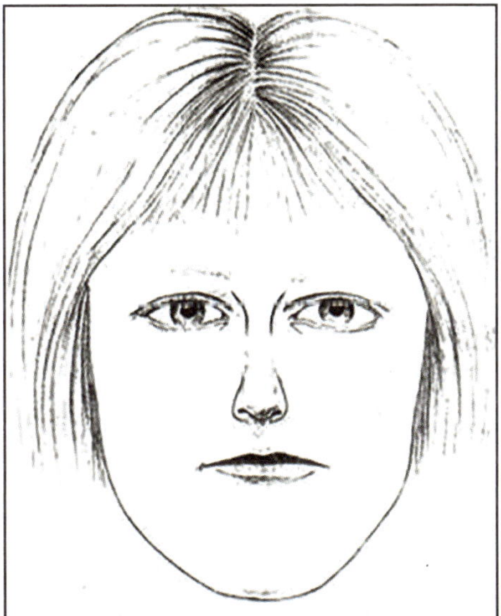
Le portrait-robot de « Delphine », la jeune fille au pair des Fourniret, réalisé par des témoins.

Libéré en janvier, Michel retrouve sa Mésange dans leur nid belge. Plutôt une prison pour le petit Sélim: pas de copains, pas de sorties. Il n'aura ni petit frère, ni petite sœur: Monique s'est fait ligaturer les trompes. Mais il verra débarquer, en juillet, sa nouvelle nounou. Dix-sept ou dix-huit ans maximum, coupe au carré, yeux en amande. « Delphine » (le doute subsiste sur son

Le livre d'Emmanuelle Maurel et François Vignolle, *Le Pacte des Fourniret*, apporte des éléments inédits sur l'affaire.

prénom) prend vite en affection Sélim, son *« petit prince »*. Les voisins la remarquent, croient savoir qu'elle vient de Versailles et qu'elle est fan de Michel Berger. L'arrêt cardiaque fatal que vient de faire le chanteur, sur un court de tennis, semble beaucoup l'affecter... Ce jeudi 6 août devrait lui changer les idées. Ce soir-là, les Fourniret l'emmènent à la cinquième édition du festival « Gedinne plein air ». Avec Madeleine, la responsable du comité des fêtes de Sart-Custinne, on a fendu la fumée des fricadelles pour se mélanger à la sueur des danseurs. Sous l'immense pyramide de métal montée sur la place, les DJ abreuvent les fêtards de techno et de lasers multicolores. Plusieurs témoins aperçoivent Delphine, en chemisier blanc, discuter avec un beau garçon. On se sourit, se frôle, prévoit de se revoir... sous l'œil assassin de Fourniret, immobile sous les stroboscopes. Le regard bleu glacé de son patron ne la quitte jamais longtemps... Aussi, lorsque Michel rentre avec Sélim à Sart-Custinne, Delphine préfère poursuivre la soirée avec « les filles ». Et confier, à voix basse, à Madeleine:

—Je ne me plais pas chez les Fourniret...

Le lendemain, Madeleine la surprend en pleurs dans le jardin de Sart-Custinne. Michel lui a-t-il soufflé dans les bronches à son retour de la fête ? Tout ça à cause de son petit flirt ? Madeleine s'approche de la malheureuse, mais Fourniret surgit aux commandes de sa tractopelle Dino:

—Tu vas la laisser tranquille, oui ? hurle l'Ogre. Je l'ai sortie de son milieu et si j'avais su, je ne l'aurais pas fait !

Le soir même, Michel étrangle Delphine dans la cuisine et l'envoie rejoindre son chanteur préféré dans les *« Paradis blancs »*... C'est du moins ce qu'avouera Monique aux enquêteurs plus tard. D'autres viendront travailler chez les Fourniret. Jamais très heureuses. Jamais très longtemps. Emi, une Japonaise, approchée pour enseigner le piano à Sélim, fera vite ses valises. Pareil pour Malgorzata, venue de Pologne, sidérée par la demande de Monique:

—Tu serais d'accord pour coucher avec mon mari ?

Aucune, cependant, n'entendra le parquet grincer au-dessus de la douche.

LYDIE LOGÉ, SEULE VICTIME OFFICIELLE DE LA « DÉCENNIE BLANCHE »

Le scénario de ce 18 décembre 1993 est flou. Seule certitude : Lydie Logé, une documentaliste de 29 ans, achète un sapin de Noël au supermarché, puis rentre chez elle à Saint-Christophe-le-Jajolet (Orne). Ensuite, mystère. On retrouve sa voiture devant le garage, clés sur le contact. Dans la maison, le chauffage est resté en marche, le sapin de Noël posé dans l'entrée… Mais aucune trace de Lydie. On suspecte un suicide, puis son ex-mari, avec qui Lydie se disputait la garde de leur fils de 7 ans. Faute de corps, l'enquête piétine. Elle convergera vers Fourniret vingt-six ans plus tard. Un poil, collé sur le tapis bleu de son fourgon C25, permettra de remonter à Lydie Logé, via une analyse ADN par parentèle.

— Elle est passée sur le chemin Fourniret, admettra le tueur. Son visage me dit quelque chose (…) Il suffit d'un simple regard. Cela vous prend de court (…) Il faut que la situation cesse vite (…) Je ne pouvais pas la laisser comme ça (…) Quel connard j'ai été !

L'Ogre mimera un étranglement, sans s'expliquer davantage. A-t-il suivi Lydie du supermarché jusque chez elle ? Que faisait-il dans l'Orne fin 1993 ? Peut-être repérait-il le coin, puisque son fils devait s'y installer pour ses études d'agronomie. Ou bien visitait-il *« les marnières de Tinchebray »* : des carrières de craie souterraines, mentionnées sur un écrit saisi dans sa cellule… Quoi qu'il en soit, Fourniret sera mis en examen pour « enlèvement et séquestration suivis de mort ». Et la thèse de la « décennie blanche », définitivement écartée.

Par un trou discret pratiqué dans le sol du grenier, équipé de miroirs inclinables, Michel se délectera de voir l'eau couler sur leurs peaux nues et pures...

1993 : DEUX ÉTRANGES « DISPARITIONS »

Le 9 août au matin, stupeur au poste frontière de Givet (Ardennes) : une paire de menottes et six pistolets Manurhin « Spécial Police F1 » ont disparu... Un douanier endetté est suspecté à tort. L'idée d'une vengeance n'effleure personne. Encore moins, le souvenir de ce petit bonhomme aux grosses mains burinées, arrêté ici même deux ans plus tôt pour violation de contrôle judiciaire. C'est lui, pourtant, qui détient les armes volées. Et s'en sert peut-être le 18 décembre suivant, dans l'Orne, pour tuer sa neuvième victime *(voir encadré page suivante).*

1994 : RAPT MANQUÉ A L'HÔPITAL

13 juillet, parking de l'hôpital de Jette, en Belgique toujours. D'un coup, le type surgit d'un angle mort. L'infirmière ciblée étouffe un cri, le vigile fonce. Déjà, le suspect détale ventre à terre, lâchant son sac au sol. Dedans, l'attirail complet du kidnappeur : du scotch, une corde, de l'éther, une paire de menottes, un pistolet Manurhin... Et, tout aussi inquiétant, une petite culotte d'enfant roulée en boule. D'où vient-elle ? Fourniret voulait-il l'enfiler de force à l'infirmière ? Celle-ci, manifestement, vient d'échapper au pire...

1995 : CAUCHEMAR AU SALON DE TOILETTAGE POUR CHIENS

Le 19 janvier, à Jambes (Belgique). Il est 17 heures. Joëlle, 20 ans, s'apprête à fermer son salon de toilettage pour chiens quand un type pousse la porte. Regard bleu glacé qui perce sa cagoule, pistolet Manurhin pointé vers elle :

— Mets-toi par terre.

L'intrus ligote ses poignets avec une écharpe, fouille la caisse puis verrouille la porte d'entrée. Baisse les stores. Eteint la lumière. Canon froid plaqué sur la joue, Joëlle est traînée vers la salle de bains, puis dévêtue. Viennent ensuite les frissons de terreur quand, couchée sur le dos, le cran d'arrêt glisse sur son ventre, dans l'échancrure de ses seins grelottants. Puis, le contact répugnant de cette verge dressée, menaçante.

—Je suis enceinte! Vous allez tuer le bébé!

Et la jeune femme de gonfler artificiellement son ventre. Habile subterfuge: l'homme au regard de glace s'arrête, comme dérangé dans son fantasme.

—Ce n'est pas mon genre, grince le monstre.

Et d'annoncer son programme: il va l'emmener ailleurs, dans sa voiture! Joëlle n'en peut plus, elle crie. D'un geste vif, il sort de sa poche une boule et la lui colle dans la bouche, pour la faire taire. A peine Joëlle reconnaît-elle l'âcre saveur d'une mandarine qu'il empoigne ses cheveux blonds et lui fracasse le crâne contre le rebord de la douche. Etourdie, à moitié consciente, elle supplie. Le canon du Manurhin jaillit contre sa tempe sanglante.

—Si tu portes plainte, je reviendrai... menace l'inconnu, avant de disparaître dans l'ombre.

Dix ans durant, chaque soir de chaque nuit, la toiletteuse redoutera de revoir cette figure de cauchemar. Son couple manquera de se briser. Et la moindre odeur de mandarine lui donne, encore aujourd'hui, des haut-le-cœur...

Le 29 décembre, la mort s'abat sur un Fourniret: Nicolas, le second fils, décède à 24 ans lors d'un stage chez un agriculteur du Ménil-Bérard (Orne). Un horrible accident de tronçonneuse... *« Pas assez manuel »*, selon son père. Ce même père qui n'a jamais répondu à ses lettres, mais qui daignera se rendre auprès de son cadavre. Dans la voiture où il convoie son ex-épouse Nicole, la mère de Nicolas, il s'impatiente, appuie sur la pédale: il faut arriver avant que le corps *« ne soit raide »*.

—J'ai compris à ce moment-là qu'il avait beaucoup d'expérience avec la mort, dira Nicole.

Elle ignore encore à quel point.

1996-1999 : RIEN À SIGNALER ?

A Sart-Custinne, la femme de l'Ogre s'ennuie. C'est le fait marquant de ces années-là: le long, le poisseux, l'accablant ennui de Monique. Avec Michel, la passion n'est plus. Pour pimenter leur sexualité, le couple contacte la secte « Noire Eau »,

La maison de Sart-Custinne, en Belgique.

tenue par un prêtre défroqué, spécialisée dans la *« bioénergie orgasmique »* et la *« promiscuité copulative »*. Trop osé pour Monique, effarouchée par la partouze. Trop cher pour Michel : 330 francs la séance, et puis quoi encore ? Mais le vrai problème, au fond, c'est sa sévérité extrême envers son fils. Bardé de protections en cuir, le petit Sélim doit encaisser les assauts de Lyka, le nouveau berger allemand de Michel, qu'il entraîne ainsi au mordant... Et quand le jeune garçon s'inscrit au ju-jitsu, le père indigne assiste aux entraînements... de loin. Au chaud dans son véhicule, jeu d'échecs électronique en main.

Un temps, Monique pense à partir. Mieux : elle le fait. Prend Sélim, boucle trois valises, trouve asile chez un ami... Pour mieux revenir aux premiers coups de pression de Michel. Comme enchaînée à vie à son fauve, par le sang versé ensemble. Michel, désormais, chasse en solo. Son entreprise de bâtiment, « Four-Mi Rénovation », lui donne tout loisir de

« MONIQUE PENSE À PARTIR. MAIS ELLE EST COMME ENCHAÎNÉE À VIE À SON FAUVE, PAR LE SANG VERSÉ ENSEMBLE. »

s'éclipser le jour, la nuit, vers quelques « chantiers » en cours... Cantonnée au ménage, à lui acheter ses clopes, Monique broie du noir devant ses cafés sans sucre. Mais, comme toujours, accepte sans broncher.

2000 : L'AVÈNEMENT DU MACABRE « JOJO »

Samedi 12 février, 9 h 15. Sandra, 14 ans, jolie comme un cœur, attend son train sur le quai désert de la gare de Gedinne. Elle met la dernière main à son maquillage quand, dans la vitre, elle l'aperçoit qui la fixe... C'est un petit vieux à lunettes. Qui s'approche.

—Vous n'auriez pas vu une petite fille de 6 ans ?

Sandra secoue la tête, mais le papy fluet revient bientôt à la charge. Il recherche, dit-il, une jeune vendeuse en boulangerie, lui propose 10000 francs si elle le suit sur-le-champ. Derrière lui, sur le parking, un fourgon blanc... Sandra pense à Dutroux, arrêté quatre ans plus tôt. Soudain, le vieil homme saisit fermement son bras, l'entraîne ! L'adolescente crie, s'arrache à son étreinte. Battu, le pervers détale vers son utilitaire, redémarre en trombe. Son échec est cuisant.

Ainsi s'achève l'étrange « décennie blanche ». Place à la noire. Faute de Monique, l'Ogre peut compter sur « Jojo » : son fourgon C25 flambant neuf. Un engin de mort, une vraie « cave » roulante. Il y a transféré, à l'arrière, les coussins et le tapis de la vieille Peugeot 405, ainsi qu'une grande planche de bois, pour y coucher les *« membranes sur pattes »*.

Sacs-poubelle, liens de serrage à portée de main : Fourniret prévoit tout. Une pièce de monnaie et quelques fils de fer lui suffisent pour trafiquer le mécanisme d'ouverture des portières : impossible de les ouvrir une fois à l'intérieur... La France, en dix ans, a oublié Fourniret. Elle l'appelle. Il est temps de rentrer. Pour semer la mort.

Jojo, le fourgon de Fourniret.

Une stèle a été installée sur le lieu de la découverte du corps de Céline Saison, à Sugny (Belgique).

CHAPITRE 8

LES DEUX MARTYRES DU FOND DES BOIS

C'est un coin à chanterelles, paraît-il. Dans l'ombre fraîche de la forêt, les trois adolescents cheminent, le nez sur leurs chaussures. Ici, un passage de sangliers. Là-haut, dans les épicéas, un fracas d'oiseaux dérangés... C'est à peine si le soleil de juillet perce les frondaisons du bois de Sugny, à cheval entre les Ardennes belges et françaises. Les jeunes Sedanais emplissent leurs poumons du bon air résineux, respirent. Quand soudain, la cueillette prend un virage macabre. En fait de chanterelles, ce sont plusieurs ossements qui tapissent le sous-bois... Plus aventureuse que les deux garçons, la jeune fille progresse entre les pins. Déjà, le parfum de résine reflue, fait place à un épouvantable remugle de charogne. Les mouches bourdonnent. Séparé du reste du corps, un crâne humain aux chairs putrescentes hurle pour l'éternité... D'un doigt tremblant, on compose le 17 sur son Nokia, le cœur aux lèvres, les mots qui s'entrechoquent: *« forêt », « cadavre », « venez vite »*. Ce 22 juillet 2000, à 15 h 44 précises, la police belge pénètre sur les lieux. Rongés par les animaux sauvages, les morceaux de corps sont éparpillés sur *« 5 kilomètres à la ronde »*. Sur ce talus, une cage thoracique. Là, un bout de fémur prisonnier d'un jean bleu. Ici, un ongle féminin, verni. Puis une basket Adidas pointure 38, un bout de bretelle de soutien-gorge taille 80 B... Et cette montre *« multicolore à cadran pailleté »*, qui débloque bientôt l'enquête:

— Oui, c'est la sienne... C'est bien sa montre...

Face aux policiers, Jean-Pierre et Maryline Saison s'effondrent. Inutile de laisser plus longtemps les clés sous leur paillasson. Leur fille Céline ne reviendra pas.

DEUX MOIS D'ESPOIR, D'ANGOISSE... ET PUIS CETTE MONTRE PAILLETÉE QUI ARRÊTE LE TEMPS À JAMAIS

Sa disparition remonte au 16 mai. Deux mois auparavant. Ce jour-là, au lycée Chanzy de Charleville-Mézières (Ardennes), l'épreuve du bac blanc de philosophie se termine. Sujet choisi par Céline: *« Y a-t-il une servitude volontaire ? »*.

—J'ai fait six pages, lâche-t-elle à ses copines, devant les grilles.

Pas vraiment son truc, la philo. Elle, c'est plutôt le sport (ping-pong, natation), les romans, les voyages, l'Angleterre surtout... Ses camarades de classe remarquent-ils que la très timide Céline ne se cache pas derrière ses habituelles lunettes rondes? Passée le matin même aux lentilles de contact, elle n'aura pas l'occasion de s'y habituer. Seulement de voir la face la plus sombre du monde. La plus inhumaine... Il est 17 h 30, le temps est lourd. La chaleur, sèche. Rue Roland Lambert, Jean-Pierre Saison tond sa pelouse. Le technicien France Télécom lève les yeux au-dessus de sa haie d'hortensias: les nuages s'amoncellent, bas et chargés, ça va péter. Et Céline, qui n'a que 15 minutes de marche depuis le lycée, devrait déjà être rentrée... On appelle ses copines, on visite l'établissement, on questionne l'opticien. A 20 heures, l'orage éclate. L'angoisse aussi. Sous une pluie battante, on tente les hôpitaux, puis le commissariat:

Céline Saison avait 18 ans.

« SA VIE EST PAISIBLE, SANS SECRET. SON DEVOIR DE PHILO, ÉTUDIÉ PAR UN PSY, NE RÉVÈLE AUCUN SIGNE DE DÉPRESSION. »

—Votre fille a 18 ans, on ne peut rien faire avant quarante-huit heures...

Les caniveaux débordent. Deux jours plus tard, les rues sont si bien « lavées » que les chiens de la brigade n'aboient pas une fois. La Meuse, draguée, ne recrache rien non plus. Sous le paillasson des Saison, la clé restera deux mois. Deux mois à tracter, coller des affichettes, enrôler les amis, les profs du lycée, les taxis de la ville... Sur toutes les camionnettes France Télécom de la région, les collègues de Jean-Pierre Saison collent le visage de la disparue. Deux mois d'espoir. Et puis cette montre pailletée qui, d'un coup, arrête le temps à jamais.

CE PETIT BONHOMME AIME À JOUER DE LA GÂCHETTE, D'ACCORD, MAIS RIEN DE SEXUEL LÀ-DEDANS

L'examen des ossements n'apporte rien, et le ratissage de la forêt, aucun indice. L'enquête conjointe du SRPJ de Reims et de la police fédérale de Dinant s'annonce complexe. On ramasse les marginaux, les traîne-savates. On interroge un ex-petit ami et même les trois cueilleurs de chanterelles, puisque deux d'entre eux sont scolarisés au même lycée que Céline. Mais pourquoi la tuer? Sa vie est paisible, sans secret. Les six pages de sa copie de philo, étudiées par un psychiatre, ne montrent aucun signe de dépression. Alors c'est le cœur lourd que Daniel Bourgard, le tenace commandant du SRPJ de Reims, se rend à échéances régulières chez les parents Saison. Devant la haie d'hortensias, la voiture de police reste souvent garée plusieurs minutes, le contact coupé... Que leur dire ? Il n'a aucune piste. Ses collègues, pourtant, se démènent. L'un d'eux pense même à ce château lugubre des Ardennes, qu'il a perquisitionné dix ans auparavant lors d'une enquête sur Action directe *(voir chapitre 6)*. Le propriétaire s'appelait Michel

L'avis de recherche de Céline Saison.

Fourniret. Mais, vérification faite dans le fichier « police », on ne trouve qu'une condamnation en 1991, au tribunal de Verdun, pour « violences sous la menace d'une arme ». Rien de sexuel. Quant aux archives des gendarmes...

> SUR TOUTES LES CAMIONNETTES FRANCE TÉLÉCOM, LES COLLÈGUES DE JEAN-PIERRE SAISON COLLENT LE VISAGE DE LA DISPARUE.

— D'habitude, on appelle la gendarmerie pour savoir si la personne soupçonnée a un casier, concédera le commandant Bourgard, auprès du *Monde*.

Mais pas cette fois.

— C'était une erreur, reconnaît-il. Et on n'a pas vu qu'il avait tout pour plaire: il avait avoué treize enlèvements de gamines en 1984, qu'il avait réussi à faire monter dans son fourgon. Il les avait toutes relâchées sans les tuer, mais c'était des gamines, en pleine rue, comme Céline...

Hélas, cette condamnation est effacée depuis longtemps, c'est la loi. Une fois encore, Fourniret profite des failles...

VOILÀ MICHEL EMBAUCHÉ POUR DEUX MOIS COMME PROF D'ÉLECTROMÉCANIQUE

Pire: les casiers judiciaires ne sont pas encore centralisés à l'échelle européenne. En Belgique, Fourniret est donc parfaitement inconnu de la justice! Au printemps 2001, il obtient ainsi un *« certificat de bonne conduite, vie et mœurs »*. Un précieux sésame pour sa nouvelle carrière. Monsieur a décidé de devenir enseignant! Son CV (sobrement intitulé *« De la blouse blanche à la salopette: une carrière de passion »*) impressionne le directeur d'une école de Saint-Hubert, qui l'embauche, pour deux mois de remplacement, comme professeur d'électromécanique. Précis, minutieux, *« Monsieur Fourniret »* montre un sincère désir d'enseigner. C'est d'ailleurs déjà ce qu'il fait chaque année à Sart-Custinne, pour l'opération « Place aux enfants »: une journée entière à expliquer son « métier » aux gamins de la commune... Mais les jeunes, Fourniret les préfère « de passage ». Comme cette cycliste belge, poussant sa monture dans la côte abrupte, ce 19 avril 2001 à Han-sur-Lesse... Au volant de son fourgon « Jojo », le barbu insiste pour la faire monter. Mais la jeune fille lui tient tête, note sa plaque : BMP967. Et dépose plainte.

—C'est bien votre véhicule, monsieur Fourniret ? viennent s'enquérir les gendarmes.

Et ce dernier de s'indigner, niant toute mauvaise intention. La preuve : ce même jour, un peu plus tard, il a pris une autostoppeuse dans son fourgon et l'a déposée à l'endroit demandé ! Les gendarmes vérifient : c'est vrai. Ils ne donneront pas suite. Mais le père de la jeune cycliste, un forestier râblé, ne s'y laisse pas prendre : il flanque un énorme coup de poing à Fourniret. L'Ogre encaisse. Il en a vu d'autres.

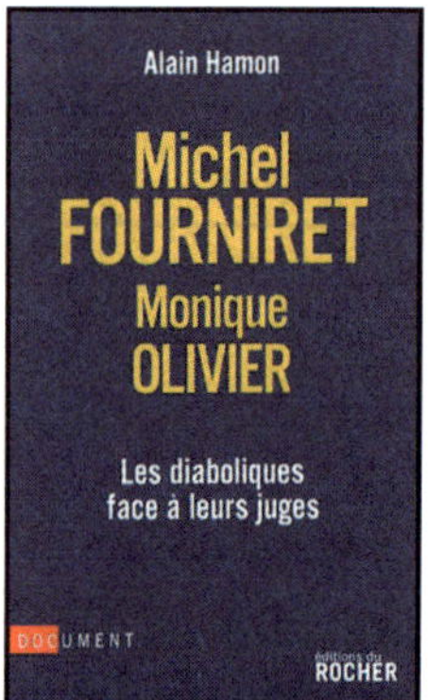

Les diaboliques face à leurs juges, le livre d'enquête du journaliste Alain Hamon, regorge de détails et de témoignages inédits.

SUIVANT LA TRADITION BOUDDHISTE, KANYARAT FAIT BRÛLER TROIS BÂTONS D'ENCENS QUOTIDIENS POUR SA FILLE

Mercredi 9 mai 2001, au commissariat de Sedan. Depuis son comptoir, le planton les voit arriver de loin. Drôle de couple. Elle, la trentaine, d'origine thaïlandaise. Lui un peu bouboule, frisé, le genre Jacques Villeret.

—C'est pour quoi ? demande le policier.

—Pour l'enlèvement de ma fille Mananya ! s'exclame Kanyarat Thumpong. Ça fait quatre jours que nous venons !

Le policier n'est pas bien concentré :

—Et vous êtes qui ?

—Mais... sa mère !

Est-ce l'accent trop asiatique de la dame, les dreadlocks du monsieur ? Depuis quatre jours qu'ils viennent au commissariat, personne ne les prend au sérieux. Quatre jours ! Et toujours cet argument insupportable : *« Ne vous inquiétez pas, c'est forcément une fugue »*. Kanyarat, arrivée en France sept ans plus tôt avec ses deux filles, sait qu'il n'en est rien. Sa Mananya, 13 ans, est une fille modèle. Première de sa classe dès son arrivée en CM2, et tout aussi brillante maintenant au collège :

—Quand elle revient avec un 17/20, elle est déçue, souligne sa mère.

Mananya passe même la plupart de ses samedis à la médiathèque de Sedan. Penchée sur ses cahiers, une barrette rouge retenant ses longs cheveux noirs, elle bûche jusqu'à la fermeture des lieux, à 17 heures. Quatre jours plus tôt, le samedi 5 mai 2001, c'est à cette heure-là qu'on la voit quitter la médiathèque, son sac noir Nike sur les épaules... Depuis, les parents de Mananya multiplient les affichettes, secouent la mairie, s'aventurent dans les squats de la ville... sous l'œil indifférent des policiers. Ce n'est que le 11 mai, à force d'insistance, que le SRPJ de Reims est saisi. Le commandant Bourgard, qui hérite de l'affaire, ne fait pas encore le lien avec Céline Saison:

—On a perdu beaucoup de temps sur une piste malgache, avouera l'enquêteur.

Passent les jours, les semaines: Kanyarat n'en dort plus. Suivant la tradition bouddhiste, la jeune maman fait brûler trois bâtons d'encens quotidiens. Tels les parents Saison, avec leur clé laissée sous le paillasson, elle se prend encore à espérer, lui prépare chaque soir ses repas... Mais les soupes de crevettes à la citronnelle refroidissent en silence. Alors Kanyarat saisit nerveusement son paquet, porte une énième cigarette à ses lèvres. Mananya serait-elle là, elle lui dirait: « *Tu fumes trop, maman* ». « *Eyes* » la gronderait gentiment. « *Eyes* »... C'est comme ça qu'elle appelle sa fille, pour ses yeux magnifiques, très noirs, très profonds. En Thaïlande, les enfants ont tous un surnom, pour que les « mauvais esprits » aient moins de prise sur eux... Mais les Ardennes ne sont pas la Thaïlande. Ici, il faut bien plus qu'un surnom et un bâton d'encens, davantage même qu'un bourre-pif d'ouvrier forestier, pour chasser les esprits malfaisants...

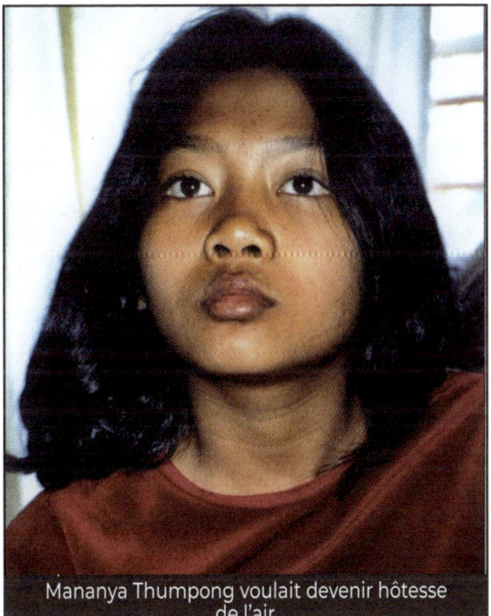

Mananya Thumpong voulait devenir hôtesse de l'air.

APRÈS UNE DÉCENNIE DE LENTE DÉGRADATION CONJUGALE, LE COUPLE VIT UN BREF RETOUR DE FLAMME

Tandis qu'à Sedan, Kanyarat et son mari s'enfoncent dans une attente chaque jour plus désespérée, à Sart-Custinne, c'est jour de fête. Le 9 septembre 2001, on célèbre le treizième anniversaire de Sélim Fourniret. Sans ses copains, comme toujours... Michel décide toutefois de convier Ludivine et son compagnon, fraîchement installés dans la maison voisine. Leurs jardins se touchent, et un prêt temporaire de téléphone a scellé leur bonne entente. Le jeune couple est toujours gentil avec Sélim, qu'importe les flèches que le jeune archer en herbe fait fuser sur leur pelouse.

—Il sera content d'avoir du monde, pour une fois! se réjouit Fourniret, par-dessus la clôture.

Ludivine, la vingtaine, longs cheveux auburn, accepte volontiers. A l'heure dite, elle se présente donc avec son compagnon au numéro 18.

—On entre par la salle à manger, raconte Ludivine à Sophie Noachovitch, notre reporter. A droite, il y a la cuisine et à l'arrière, le salon avec la cheminée ouverte.

La fermette, entièrement rénovée par Michel, a fière allure:

—Il y a des moulures en bois, des meubles anciens, il a retapé la maison dans un style chic campagnard...

> *UN INDICE VA CONFIRMER L'ATROCE VÉRITÉ: CETTE BAGUE ÉMERAUDE ARGENTÉE, SERTIE DE TROIS PIERRES BLEUES, QUE « EYES » PORTAIT TOUJOURS À SON DOIGT.*

Mais à leur grande surprise, aucun ballon ne décore les lieux. Aucun rire, aucun cri d'enfant: ils sont les seuls invités! Intimidé, le couple prend place dans les gros canapés, accepte un café, une part de gâteau... Comment se douter que sur cette table basse, un an plus tôt, Michel déballait le contenu du sac de cours de Céline Saison: son agenda, son parapluie, l'album photos de son voyage de classe à New York? Comment deviner que les Fourniret ont regardé brûler lesdites photos dans cette cheminée de briques roses, en ricanant? Michel, très « papa », parle de choses et d'autres, de ses chantiers surtout. Aussi intarissable, de fait, que Monique leur paraît effacée, en retrait:

—Elle fait presque partie des meubles! C'est lui qui lance une idée, qui propose quelque chose. Elle, elle ne dit rien...

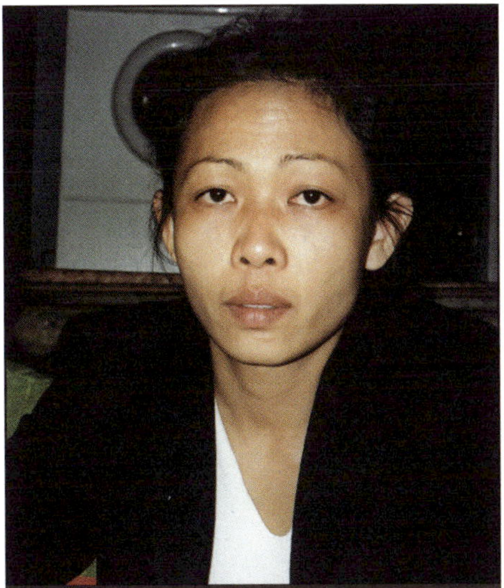
Kanyarat, la mère de Mananya.

« ON N'A RETROUVÉ QUE DES PETITES MIETTES DE MA FILLE! IL NE RESTAIT PLUS RIEN! », S'INDIGNE LA MÈRE DE MANANYA.

Vient le moment des cadeaux. Ludivine sort une carte de vœux, de laquelle dépasse un petit billet. Sélim exulte.

—Il était super content. Plus tard, il est venu me voir en disant: *« Je me suis acheté un CD avec ! Merci beaucoup! »*.

Fourniret saura s'en souvenir et leur proposera de terrasser gratuitement leur jardin. Pour Ludivine, ce petit goûter chez l'Ogre restera un souvenir étrange, auréolé d'une gaieté presque banale... Michel, à cette période, est de bonne humeur. Il faut dire qu'après une décennie de lente dégradation conjugale, les choses s'arrangent avec Monique. Leurs ébats sexuels s'épicent même d'un nouveau jeu de rôle:

—Quelquefois, il voulait que je fasse comme si j'étais une jeune fille qu'il abordait, racontera Monique. Il fallait que je lui demande s'il voulait faire l'amour avec moi. Il me faisait dire: *« Monsieur, s'il vous plaît... Merci Monsieur... »*

Soit les exactes supplications imposées à Céline et Mananya... Monique rejoue ainsi leurs derniers instants. Peut-être prend-elle même goût à ces parodies morbides.

1er mars 2002. Dix mois ont passé depuis la disparition de Mananya, quand un drôle d'appel parvient au bureau du procureur de Neufchâteau, Michel Bourlet.

— Monsieur le procureur, on vient de retrouver un cadavre dans votre jardin...

Un « cadavre », c'est beaucoup dire. En vérité, c'est une sinistre chasse au trésor à laquelle un promeneur s'est vu contraint ce matin-là, au bois de Nollevaux. D'abord un crâne, décharné. Puis, 15 mètres plus loin, sur le sentier boisé qui longe la N89, ce sac-poubelle noir éventré, crachant des os en vrac: morceau de colonne vertébrale, fémur... Le tout à 100 mètres de la propriété du procureur! Les restes sont identifiés: une petite Française, encore.

LA MAMAN PASSE LES CLICHÉS EN REVUE: UNE MONTRE, UNE BARRETTE ROUGE, QUELQUES LAMBEAUX DE TISSU...

Conduits par le SRPJ de Reims chez leurs homologues wallons, les parents de Mananya examinent, sur photographies, les effets retrouvés près des ossements. Du bout de ses doigts jaunis par le tabac et rongés par le stress, Kanyarat passe douloureusement les clichés en revue: une montre, une barrette de couleur rouge, quelques lambeaux de vêtements...

— Kanyarat ne voulait pas croire à l'irréversible, confie le beau-père. Sur les photos, elle cherchait le moindre détail qui lui aurait permis de dire que les objets ne correspondaient pas à sa fille...

Hélas, comme jadis la montre pailletée de Céline, un élément vient tuer tout espoir: cette bague émeraude argentée, sertie de trois pierres bleues. Un bijou artisanal, acheté en Thaïlande, que la petite « Eyes » portait toujours à son doigt... Kanyarat éclate en sanglots. Plus de doute. Plus de doute non plus pour le commandant Bourgard: les meurtres de Céline et Mananya sont liés. Deux gamines disparues en plein jour, à 25 km de distance et un an d'intervalle, dont on ne retrouve que des os en forêt belge, à quelques pas de la frontière... Sans parler des sacs-poubelle et des liens de serrage, présents dans les deux cas. La signature du même sadique. Il faut l'identifier avant qu'il n'attrape une troisième fille. Trois? Les enquêteurs sont loin du compte...

Fourniret a hérité de cette maison à la mort de sa sœur.

ZOOM SUR LA MAISON DE VILLE-SUR-LUMES

Alors que Fourniret devient grand-père, c'est aussi une part de son enfance qui s'éteint. Le 30 juillet 2002, sa grande sœur Huguette décède à l'âge de 62 ans.

Depuis sa *« défécation traumatique »* dans le seau familial *(voir chapitre 1)*, elle est devenue secrétaire dans une fonderie, puis gravement alcoolique.
Sa mise en couple avec un semi-clochard (détesté par Fourniret, et depuis retrouvé mort au pied d'une carrière...) n'a rien arrangé. Huguette n'ayant pas d'enfants, c'est son frère Michel qui hérite de sa maison. Une villa blanche de deux étages, au 15, rue des Jardins à Ville-sur-Lumes (Ardennes). Pas précisément un palais.
La façade, moisie à plusieurs endroits, émerge d'un entrelacs de ronces et de mauvaises herbes. A l'intérieur, les murs empestent la vinasse. Huguette souffrant du syndrome de Diogène, des montagnes d'objets et de meubles inutiles encombrent les pièces. Plus intéressant, aux yeux de Michel : la cave en terre battue, accessible par une rampe de ciment... Courant 2002, on l'y voit souvent garer son C25 en marche arrière, sous les trois hublots cassés du garage. Et commencer, comme d'habitude, des travaux qu'il ne finira jamais. Aux manettes d'une tractopelle de location, il joue au creuseur fou, avec ses lunettes de taupe. Il demande même au propriétaire du champ adjacent à pouvoir excaver un peu sur son terrain. Dans ce village d'à peine cinq cents âmes, sa présence est vite remarquée. On le voit à l'église assister à un petit concert, s'intéresser à la création d'un club d'échecs... D'où vient-il ? Où dort-il ? Qu'est-ce qu'il fabrique là-dedans ?
Les curieux de Ville-sur-Lumes le sauront bientôt...

LE FOURNIRET D'ANTAN, SEC ET SOLITAIRE, A FAIT PEAU NEUVE : L'OGRE A RAREMENT PARU PLUS INOFFENSIF

Trois, c'est en tout cas le nombre de petits-enfants dont Fourniret, au mois de décembre, peut désormais s'enorgueillir. Cette fois, c'est l'une de ses jumelles qui agrandit la tribu. Sous sa barbe blanchie, le patriarche apprécie ce cadeau de la vie. Tandis qu'au même moment, à Sedan, un autre genre de « cadeau » échoit à Kanyarat Thumpong... C'est un carton livré par la police belge: ils n'en ont plus besoin. A l'intérieur: quelques os, un scalp de cheveux noirs et un chapelet de dents bruissant comme des grelots... Devant notre reporter, la mère de Manyana se souvient encore de cette vision d'horreur:

—On n'a trouvé que des petites miettes de ma fille! Il ne restait plus rien!

Grand-père gâteau, voisin serviable, professeur émérite, l'ogre a rarement paru plus inoffensif qu'en ce début 2003. Lui arrive-t-il de penser aux vies qu'il a détruites? A le voir bricoler dans son atelier en écoutant sa chanson favorite, *Regarde bien, petit,* de Jacques Brel, Michel ressemble à n'importe quel papy, anonyme parmi les anonymes... Il lui arrive même d'être aimable et engageant. Si bien que Jean-Paul H. manque ne pas le reconnaître, ce dimanche matin-là. Cet ouvrier ardennais, en route pour un enterrement, s'arrête le long de l'A4, sur l'aire de Bussy-Saint-Georges (Seine-et-Marne). Alors qu'il part soulager son envie pressante, une voiture se gare sur le parking. Le conducteur qui en sort lui sourit, le salue d'un signe de main. Excepté la barbe chenue et les lunettes, ses traits lui semblent familiers... Jean-Paul le remet, ça y est. C'est ce gars qu'il croisait souvent à l'époque au bar « Le Franco-Belge » des Hautes-Rivières (Ardennes). Fourniret. Michel Fourniret. Drôle d'endroit pour une rencontre. Entre la forêt, les étangs et les toilettes d'autoroute: dans les grandes plaines de Seine-et-Marne.

Nous sommes le 5 janvier 2003, à 3 kilomètres du terrain de golf de Guermantes. Dans quatre jours, la petite Estelle Mouzin, 9 ans, y sera aperçue pour la dernière fois. Et la chanson de Jacques Brel de résonner, dès lors, comme un avertissement: *« Regarde bien, petit, regarde bien, sur la plaine là-bas, à hauteur des roseaux, entre ciel et moulin, il y a un homme qui vient... »*

ANNEXE

ESTELLE

Jeudi 9 janvier 2003. Il est 18 heures quand la sonnerie retentit à l'école primaire du Val-Guermantes, à Conches-sur-Gondoire (Seine-et-Marne). Dans la salle d'études, Estelle Mouzin, 9 ans et demi, salopette en jean et pull rouge, range ses livres de CM1 dans son sac à dos. Ses yeux verts pétillent, elle va rentrer avec une bonne note à montrer à sa mère ! Estelle enfile sa doudoune bleu marine, ses gants noirs, se coiffe d'un béret violet. Dehors, les températures sont glaciales. Cinq jours qu'une tempête de neige ensevelit la région parisienne sous 10 centimètres de poudreuse. Estelle habite avec sa mère Suzanne, à Guermantes. Il lui faut 14 minutes de marche pour rejoindre son domicile, dans la nuit déjà tombée.

En cheminant, Estelle discute à bâtons rompus avec deux copines de classe. Malgré sa légère dyslexie, c'est une gamine bavarde, éveillée. Elle fait du théâtre, de la danse. Elle adore la série *Charmed*, sur M6, qui suit les aventures des sœurs Halliwell. Des sorcières, mais gentilles. C'est la saison 5 en ce moment, Estelle n'en loupe pas un épisode. Tout comme les deux appels quotidiens de son père. S'il ne vit plus avec elle, Estelle l'aime toujours autant. Leurs dernières vacances ensemble dans le désert algérien restent inoubliables... Pour l'heure, Estelle plante ses bottes blanches à fourrure dans un décor moins chaleureux, lissé de bitume et de neige. Avenue Charles Péguy, ses deux camarades lui disent au revoir et bifurquent. Estelle croise alors une autre copine, marche un bout de chemin avec elle. Le brouillard est dense. Les décorations de Noël, restées en place, peinent à percer cette atmosphère cotonneuse...

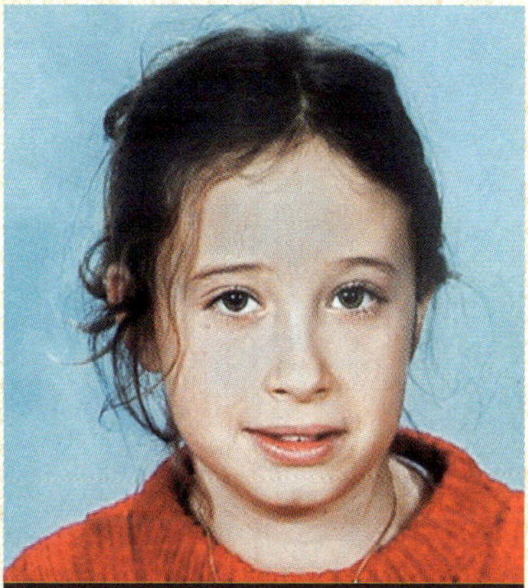

La photo d'Estelle figurant sur l'avis de recherche.

18 h 15. Sous les yeux d'une passante, les deux fillettes se séparent devant la boulangerie, rue de la Madeleine. Estelle poursuit sa route seule. Il fait nuit noire, maintenant. Et très froid. Les gens sont calfeutrés chez eux, volets fermés. Estelle tourne à droite, rue Blanche Hottinguer. Il lui reste 700 mètres à parcourir. Sa petite silhouette s'éloigne, s'estompe peu à peu, happée par le brouillard... On ne la reverra plus jamais.

L'école primaire du Val-Guermantes, à Conches-sur-Gondoire, d'où est partie Estelle ce soir-là.

La rue empruntée par Estelle en sortant de l'école.

La boulangerie, rue de la Madeleine, où Estelle a été aperçue pour la dernière fois.

19 heures. Suzanne Mouzin rentre de son travail. Encore une journée éprouvante, à assurer la com' de sa boîte pharmaceutique allemande. Mais rien à côté de ce qui l'attend. Car Estelle... n'est pas là. Ni dans sa chambre, ni devant la télé. Suzanne téléphone aussitôt aux copines de classe. Elle refait aussi le trajet jusqu'à l'école, guette la silhouette d'Estelle, sa doudoune bleue... Rien.

20 h 45. Paniquée, Suzanne se résout à prévenir son ex-mari, Eric Mouzin, qui vit à 60 kilomètres de là, au Vésinet (Yvelines), puis se précipite au commissariat le plus proche, celui de Lagny-sur-Marne. Quelques minutes plus tard, notre reporter Michel Mary reçoit l'appel du patron de la PJ de Versailles, qui décommande leur dîner :

— Désolé Michel, on doit prendre l'enlèvement d'une petite fille de 9 ans...

23 h 30. Eric Mouzin, 47 ans, arrive à Guermantes. Des pompiers sont en train de ranger leur matériel, ils viennent de sonder un déversoir d'orage près du cimetière. Le père de famille monte dans une voiture de la BAC, sillonne avec eux tout le village, court dans les chemins sombres avec une lampe électrique qui éclaire à peine à 2 mètres devant lui, en hurlant :

— Estelle ! Estelle !!!

De son côté, Suzanne, en larmes, culpabilise. Elle aurait dû aller chercher la petite à l'école ! Mais avec ses horaires, c'était impossible... Deux heures déjà que tout le monde se démène : vingt policiers de Lagny-sur-Marne et de la compagnie départementale d'intervention, des dizaines de gendarmes, cinq chiens pisteurs, un hélicoptère affrété par un ami de la famille Mouzin... Tout Guermantes est exploré. Les rues, le stade de foot, le terrain de golf, les bassins de récupération des eaux fluviales... On ratisse les bois, on secoue chaque buisson enneigé, on stimule l'odorat des chiens, anesthésié par le froid piquant. A 2 heures du matin, les recherches sont suspendues. Eric Mouzin rentre chez lui pleurer, martelant son matelas de coups de poing rageurs. Impuissants.

10 janvier 2003, au matin. Des policiers refont le trajet naturel d'Estelle : la boulangerie, la rue Hottinguer puis... En face ? Ce chemin qui longe le terrain de foot, non éclairé ? Improbable, la fillette a peur du noir. Non, plutôt à droite, pour rejoindre la rue André Thierry. Il lui reste alors 400 mètres avant d'arriver chez elle, au 16, allée Rond du Cerf. Sur la chaussée, dans les poubelles, les haies, aucun indice. Il faut explorer plus large, avec 4x4, plongeurs et brigades équestres. On ratisse le parc du château de Guermantes, celui qui inspira Proust et, on l'espère, pas ce roman noir... On découpe la glace d'un étang gelé à la tronçonneuse, malgré les risques. Un hélicoptère à caméra thermique manque d'ailleurs de se crasher en heurtant la cime d'un arbre.

Pendant ce temps, au Vésinet, quatre policiers débarquent chez le père d'Estelle. Ils fouillent son sous-sol, son grenier, l'assaillent de questions sur son emploi du temps. Mais Eric Mouzin n'a rien à cacher. Il leur remet même son « Palm », son agenda électronique. *« Il fallait purger la piste du père,* justifie un enquêteur. *Cela aurait été une faute professionnelle de ne pas le faire. »* Les soupçons pèsent forcément sur Eric Mouzin. D'abord, il y a son divorce houleux avec la mère d'Estelle. Accusations de tromperie, litige sur la garde des enfants... Les rapports sont

Eric Mouzin et sa fille lors de leurs dernières vacances ensemble, dans le désert algérien.

exécrables. En témoigne cette scène, douze jours auparavant, quand Suzanne lui ramène ses dernières affaires et les flanque exprès en vrac, sur le trottoir boueux... Ensuite, Eric Mouzin n'est arrivé à Guermantes qu'à 23h30, presque trois heures après l'appel paniqué de son ex-femme. Pourquoi si tard? Il s'en expliquera: les routes étaient verglacées et embouteillées, il valait mieux attendre. Mais reste son attitude, déconcertante: il ne pleure jamais face aux policiers. Quel père reste de glace alors que sa fille disparaît? La réponse est simple: Eric Mouzin veut rester solide, tout faire pour retrouver sa fille. Il pressent un kidnapping et sait que chaque minute compte...

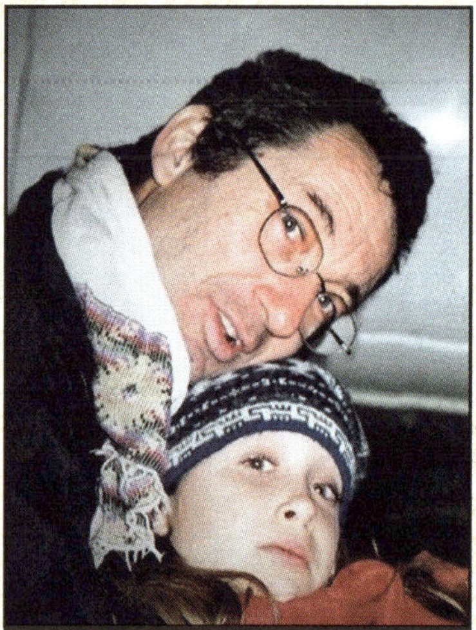

Eric Mouzin et Estelle, sa fille chérie.

16 heures. Le parquet de Meaux ouvre une information judiciaire pour « enlèvement et séquestration d'un mineur de moins de 15 ans ». L'enquête est confiée au SRPJ de Versailles, dirigée par Jean-Marc Bloch, 56 ans. Gueule franche, sourcils épais, voix rocailleuse. Ancien patron de l'Antigang, ce flic de choc connaît les situations de crise et sait galvaniser ses hommes. Avant tout, les 1400 habitants de Guermantes doivent remplir un questionnaire. « Fixer » leur emploi du temps du soir fatidique, mentionner d'éventuelles visites de plombier, d'électricien, de jardinier... Car tout est vérifié. Tout. Même l'usine d'incinération de Saint-Thibault-des-Vignes, où sont brûlés les déchets collectés à

Le livre d'Eric Mouzin, *Retrouver Estelle.*
Un récit poignant.

Guermantes. Aussi, les traces génétiques sur ce pochon échoué sur un chemin, contenant un croissant et un pain au chocolat. On va jusqu'à scruter les images satellites, au cas où des engins spatiaux auraient photographié Guermantes entre 18 heures et 19 heures! Mais en orbite comme au sol, personne n'a rien vu. Estelle s'est fondue dans
le brouillard et les enquêteurs nagent en plein dedans...

14 janvier 2003, à l'aube. La plus grande opération de l'histoire judiciaire française est déclenchée. Trois cents CRS et gendarmes convergent vers Guermantes et barrent les accès du village. Personne ne sort, personne n'entre, sauf les 170 hommes de la PJ aux ordres de Jean-Marc Bloch. Son idée: perquisitionner tous les habitants de Guermantes! Tous, du curé jusqu'au maire! D'abord, pour s'assurer qu'Estelle n'est pas là, séquestrée dans une cave. Ensuite, pour faire réagir un éventuel suspect.
Bref, pour forcer le destin. A 6 heures du matin, les sonnettes sont harcelées, les portes martelées. Les villageois s'alignent sur leur pas de porte, certains encore en robe de chambre! Tiroirs, placards, valises, congélateurs: tout est fouillé. On regarde dans les vides sanitaires, sous les sommiers, sous les toits. On tire tous les meubles en quête de caches secrètes. Et à force de chercher, on trouve. Comme chez Norbert, 50 ans, ingénieur dans le secteur de l'optique. Dans son pavillon cossu, un bureau fermé à clé... On l'ouvre. La pièce est sinistre, les fenêtres occultées, les murs jaunis de tabac. On trouve trois sacs-poubelle de 50 litres, remplis de mégots de Gauloises sans filtre. Et surtout un ordinateur, contenant... 50 000 fichiers pédopornographiques. Des images monstrueuses de viols d'enfants, parfois de nourrissons d'à peine 3 mois. Visiblement, le pervers se confectionne aussi des bandes dessinées artisanales, en collant des photos de lui à côté d'enfants nus... Accablant. Mais Estelle n'est pas là.
A l'évidence, elle n'est plus à Guermantes. Les policiers sèchent, malgré une première semaine d'enquête colossale: 18 000 appels téléphoniques analysés, 350 logements perquisitionnés, 300 auditions et 8 gardes à vue! *« On a fait immensément plus que dans n'importe quelle affaire »*, assure un enquêteur de la première heure. Les policiers du SRPJ de Versailles ne se ménagent pas. *« C'était du 8 heures-minuit tous les jours, même ma femme n'en pouvait plus »*, confie l'un d'eux.

Suzanne Mouzin aussi n'en peut plus. Epuisée par le chagrin et les coups de téléphone incessants. Des médiums, des détraqués en mal de sensations. L'un d'eux l'appelle trois fois de suite depuis un hall d'hôtel du Vaucluse, promet de mettre Estelle *« dans le train de 14 heures en gare d'Avignon »*, puis la prétend *« enterrée sous la nationale 100 ».* Ce *« sale crétin »* (dixit Jean-Marc Bloch) prendra deux ans ferme. Les Mouzin, eux, en sont réduits à supplier le ravisseur d'Estelle :

— C'est une petite fille qui est entre vos mains et qui doit poursuivre sa vie...

19 janvier 2003, dix jours après la disparition d'Estelle. A Guermantes, son visage est placardé partout, sur les arrêts de bus, les poteaux électriques, les troncs d'arbres, les panneaux, les pare-brise. Les policiers épient les sorties des classes, sondent chaque rumeur, chaque coïncidence troublante. Le propriétaire d'une voiture grise, surpris à démarrer en trombe devant la boulangerie, est remonté puis innocenté. Un quinquagénaire, lui, se retrouve en garde à vue. Un « bon client » : sa compagne est femme de ménage dans l'école d'Estelle et il apparaît dans quatre procédures d'agressions sexuelles sur mineures. On creuse illico son carré de pelouse, et on déterre... des ossements ! De chiens. Fausse piste, encore.

Février 2003. Eric Mouzin se démène. Fait placarder des milliers d'avis de recherche dans toutes les stations de métro de Paris, dans toutes les gares. Ses coups de fil font des miracles. L'appel à témoin est bientôt diffusé dans les 1200 hôtels Accor, dans tous les McDonald's, tous les Crédit agricole, toutes les concessions Ford et Land Rover. La société Decaux lui prête ses énormes panneaux publicitaires. Et les Scouts de France leurs bras, pour tapisser d'affiches la France entière. Eric Mouzin convainc même Disneyland d'en mettre dans son parc ! L'homme est minutieux, méthodique. Expert en responsabilité civile dans un cabinet d'assurances international, il ne néglige aucun détail. L'enquête, justement, peut basculer sur un détail. Un élément infime noyé parmi tous les autres, encore invisible. Alors, dans son classeur bleu, Eric Mouzin compile toutes les coupures de presse. *« Jusqu'à la moindre feuille de chou locale »*, précise-t-il. Sur son dictaphone, il enregistre ses observations, ses souvenirs, puis les agence de façon chronologique dans des tableaux Excel. Cette frénésie lui permet de tenir. *« Une larme, une seule, et ce serait l'effondrement »*, écrira-t-il dans son livre témoignage.

Eric Mouzin se rend aussi sur les plateaux télé donner des interviews, voyage à Bruxelles et Washington pour rencontrer des associations d'aide à la recherche de disparus. Lors du semi-marathon de Paris, il est encore là, avec ses deux autres enfants qui brandissent des pancartes : *« Aidez-nous à retrouver Estelle ».* Ce qui lui vaudra les reproches amers de son ex-femme :

— Tu as vu le visage de tes enfants, portant la tête de leur sœur au bout d'une pique ?

C'est vrai qu'il en fait beaucoup, Eric Mouzin. Trop, pour certains. De là à trouver son omniprésence suspecte... Une rumeur se propage bientôt dans la ville : Estelle ne serait pas sa fille ! Des tests ADN feront taire les médisants. Silence pesant sur Guermantes. A la boulangerie, les clients achètent leur baguette sans dire un mot. Comme écrasés par le visage d'Estelle punaisé au mur...

11 mars 2003. La « cellule Estelle » est créée, avec huit policiers à temps plein sur l'affaire. Chaque témoignage, chaque taré qui hurle au téléphone *« C'est moi qui ai tué Estelle ! »* est identifié, tracé, interrogé. Mais en dépit de tout, malgré une reconstitution avec les trois copines de classe, malgré 300 militaires qui ratissent encore les bois et sondent des centaines de puits... aucune avancée. La frustration ronge les enquêteurs de la PJ de Versailles, pour beaucoup pères de famille. Leur patron, tout juste muté, s'endort chaque soir avec *« un clou dans le cœur »*.

Mi-juin 2003. Un témoignage capital tombe enfin. Les policiers le recueillent chez un couple de Guermantes domicilié dans la zone du rapt. Leur fille Megan, 11 ans, ressemble à Estelle. Même silhouette, mêmes cheveux châtains. Et la gamine se rappelle une scène troublante. C'était le 19 décembre dernier, vingt jours avant le rapt.
Il était 17 h 30, elle rentrait de l'école à pied.
Un type, au volant d'une camionnette blanche,
l'a accostée en lui disant :

—Ça a l'air lourd ce que tu portes, tu veux que je te ramène chez toi ?

Megan a refusé, l'homme a insisté, puis déguerpi à la vue d'un groupe de passants. Les enquêteurs tiennent leur piste. Avec l'aide d'un policier spécialisé, Megan réalise un portrait-robot de l'homme : 40-45 ans, de type européen, la peau plutôt mate, les sourcils fournis. Des lunettes ovales. Peut-être une barbe de trois jours. Son fourgon est blanc, avec trois sièges foncés et deux petites fenêtres à l'arrière, masquées avec du papier. Les policiers lui montrent des modèles d'utilitaires. Elle en retient trois : un Citroën Jumpy, un Peugeot Partner et un Fiat Scudo. Un fourgon, un visage : voilà de quoi lancer un appel à témoin.

24 juin 2003. Le procureur de Meaux donne son feu vert pour diffuser le portrait-robot. Pas vraiment de signe distinctif. Il ressemble à beaucoup d'hommes. Par exemple à ce barbu de 61 ans qui tentera, dans deux jours, de kidnapper une fillette dans son fourgon C25 blanc. Un Français très mobile qui vit en Belgique. Un certain... Michel Fourniret.

Fourniret au moment de son arrestation, en 2003.

CHAPITRE 9

LA CHUTE DE L'OGRE

Jeudi 26 juin 2003. L'été est caniculaire, le plus meurtrier jamais enregistré. Planqués entre les pierres, les lézards de Sart-Custinne se laissent gagner par la torpeur. Pas Fourniret. En sueur dans son t-shirt blanc, il brûle de colère. Sélim est rentré du collège avec son dernier bulletin : catastrophique. Avec des notes pareilles, impossible de passer en seconde, même en section technique ! C'est bien la peine de lui acheter un ordinateur, avec connexion internet, imprimante et tout le reste !

—C'est l'échec du gamin, et donc l'échec du père, analysera Fourniret.

Sa gueulante poussée, le patriarche claque la porte, gagne le jardin. Mauvaise idée. Dehors, sous le cagnard, ce sont ses propres carences, ses propres limites qui lui sautent au visage. Cet échafaudage abandonné contre le mur, cette fosse creusée pour la piscine qui attend toujours son liner... Toujours tout commencer. Ne jamais rien finir. L'ouvrier en débâcle doit prendre l'air, tailler la route. Fourniret saute dans son C25, quitte la fermette pied au plancher, roule 50 minutes jusqu'à la maison héritée de sa défunte sœur, à Ville-sur-Lumes. Le voilà qui se gare en marche arrière, comme d'habitude, sous les trois hublots brisés du garage... Qu'espère-t-il trouver là, la paix ? Parmi les meubles entassés flotte toujours l'âcre relent du vin pas cher, l'odeur même de l'échec. Celui de ne pas avoir sorti sa pauvre sœur de l'alcoolisme... A-t-il vraiment essayé ? Aux murs, le papier peint rebique, les motifs de bambous pendouillent tristement... Plus irrité encore, Fourniret ressort, reprend le chemin de Sart-Custinne. Puis, sur un coup de tête, bifurque. Roule 45 kilomètres plus au nord, jusqu'au dépôt-vente Brocantroc de Ciney. Devant l'employé médusé, il dit vouloir revendre le bureau de son cancre de fils. Il n'en a pas besoin, puisqu'il est si nul à l'école ! Une crise de nerfs ridicule... Ce jour-là, Fourniret est méconnaissable. Il n'est plus ce monstre froid, ce calculateur méthodique, juste un petit bonhomme à fleur de peau. Un manque de lucidité qui va le perdre. Ce 26 juin 2003, l'Ogre va tomber...

DANS L'HABITACLE CHAUFFÉ À BLANC, CETTE LITANIE DE PRIÈRES REND L'OGRE COMPLÈTEMENT FOU

Il est 15 h 30 lorsqu'il repère Marie-Ascension, avenue Huart à Ciney. Elle lui paraît parfaite : ce teint d'ébène, ces deux gros chignons crépus en boule et puis ce t-shirt blanc sur sa poitrine naissante d'enfant de 13 ans. La proie idéale, d'une *« pureté sobre »*. Mais dès l'accostage, les choses se présentent mal. Le coup du livreur qui cherche son chemin ne prend pas :

— Il est hors de question que je monte dans votre camionnette. Je ne vous connais pas.

De toute façon, Marie-Ascension n'a pas le temps : elle a bientôt gymnastique. Fourniret doit employer les grands moyens :

— Tu n'as pas à avoir peur de moi, j'ai des enfants, je suis père de famille, prof de dessin...

— Non, je ne peux pas. Je n'ai pas le droit de monter.

En temps normal, Michel mesurerait les risques, lâcherait l'affaire. Cette fois, il hausse le ton :

— Ce n'est pas correct de ne pas faire confiance aux gens ! De quoi as-tu peur ?

Marie-Ascension décrira son insistance, sa grosse main sur son épaule, la rue déserte... Et par-dessus tout, ce fond de culpabilité catholique, qui finalement la convainc : *« Ne pas rendre service à quelqu'un serait allé à l'encontre de ce que je crois »*. Elle monte. Le « livreur » roule vite, s'éloigne du village. Marie-Ascension commence à comprendre ses réelles intentions...

> **TOUJOURS TOUT COMMENCER. NE JAMAIS RIEN FINIR. L'OUVRIER EN DÉBÂCLE DOIT PRENDRE L'AIR, TAILLER LA ROUTE.**

— Vous croyez en Dieu ? lance-t-elle soudain.

— Pourquoi ? grince le conducteur, sans desserrer les dents.

— Si vous croyiez en Dieu, vous ne feriez pas ce que vous êtes en train de faire...

Elle récite alors à voix basse, puis de plus en plus fort : *« Notre Père... Je vous salue Marie... »*, et ce drôle d'appel à l'aide à la Sainte :

— Marie passe devant... Marie passe devant... Marie passe devant !

Dans l'habitacle chauffé à blanc, cette litanie de prières rend l'Ogre complètement fou.

« IL ATTRAPE LA PETITE, LA TRAÎNE DE FORCE JUSQU'À L'ARRIÈRE DU FOURGON. SON « COMPARTIMENT VOYAGEUSES »… PUIS IL FICÈLE SES POIGNETS, SES CHEVILLES… »

—Mais tu m'agaces! peste Fourniret.

Ce qui l'agace encore plus, c'est l'intelligence de la fillette. Elle fixe la route, semble retenir chaque panneau, chaque tournant, chaque route empruntée…

—Assieds-toi par terre! ordonne-t-il.

—Non!

—Assieds-toi par terre ou je te frappe!

Sous la menace de sa grosse main levée, Marie-Ascension se tasse sur le plancher du C25, dos contre la portière. Là! Va-t-elle se taire, maintenant? Bien sûr que non. Aussitôt punis, les deux chignons de la gamine se remettent à osciller en cadence:

—Marie passe devant… Marie passe devant!

C'en est trop pour Fourniret, dont le pied rageur écrase le frein, dans un crissement de pneu. Il descend, contourne son véhicule, attrape Marie-Ascension et, de rage, la traîne de force jusqu'à l'arrière du fourgon. Celui qu'il appelle son *« compartiment voyageuses »*… En une série de gestes brusques, il ficèle les poignets de l'enfant avec un simple lacet en cuir. Puis ses chevilles.

—Pourquoi vous faites ça? sanglote Marie-Ascension.

—Tu dois me donner du plaisir. Si tu ne m'en donnes pas, tu ne rentreras pas.

La petite hurle.

—Tais-toi ou je te tue!

Et de sa grosse main, il empoigne son cou frêle. Serre, serre… Puis relâche la pression. A l'évidence, il a d'autres projets pour elle. Bientôt, il l'arrime solidement, par la ceinture de son jean, à un montant de tôle du fourgon – non sans tâter au passage sa timide poitrine naissante.

—Ça pousse un petit peu… s'ébahit-il.

Voilà son projet. La violer. Du haut de ses 13 ans, toute chaste qu'elle soit, Marie-Ascension n'ignore pas que certains hommes sont pires que des loups: des prédateurs, des bouchers…

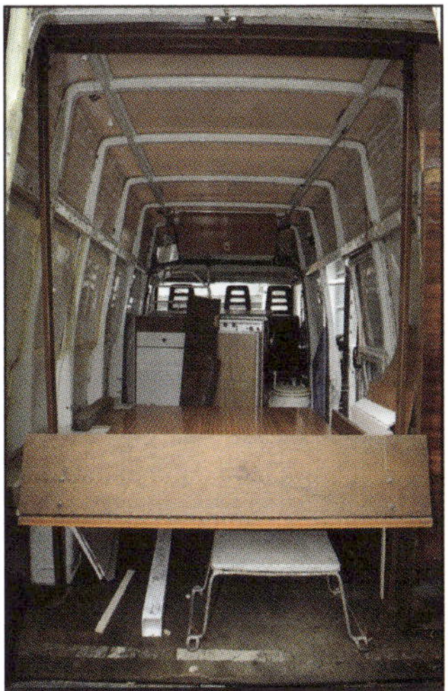

Le compartiment arrière du fourgon C25, où Marie-Ascension s'est retrouvée piégée.

— Vous faites partie de la bande à Dutroux? s'enquiert-elle, les larmes aux yeux.

L'homme se redresse, saute au bas du fourgon, esquisse un sourire « *pas rassurant* »:

— Je suis pire.

Déjà, les portières coulissent, se referment en claquant. Le moteur ronronne, le fourgon repart. A tombeau ouvert.

PORTANT LE LACET À SES DENTS, L'ENFANT TIRE, LE LACET STRIE SA CHAIR, ELLE RONGE, MORD, CROQUE...

Le mauvais présage se vérifie. Au repas de la veille, en constatant que les haricots n'étaient cuits que d'un côté, la mère de Marie-Ascension avait lancé: « *C'est un signe, il va arriver quelque chose chez nous* ». Comme elle sanglote au fond du compartiment aveugle, immobilisée, impuissante, la fillette ne peut que constater la validité de ce mauvais présage... La voilà prise au piège de cette geôle roulante, sans fenêtres. Drôle de geôle en vérité. Il y a là des étagères, des banquettes, un évier, des balles de ping-pong, des coussins, des blocs-notes... A mesure que ses yeux s'habituent à la pénombre, un autre attirail apparaît peu à peu. Des bâches. Un tournevis. Une jupe d'enfant grise transformée en chiffon. Des cartes routières de France, de Belgique, des Pays-Bas.

— Je me suis dit que c'était fini pour moi, se rappellera Marie-Ascension. J'ai vu toute ma vie défiler. J'ai repensé à tout ce que j'avais fait de pas correct, je pensais à mes parents qui avaient évité la mort au Burundi en venant ici, et là j'allais les décevoir en me faisant tuer comme ça...

Marie-Ascension prie et prie encore, de toutes ses forces. Est-ce la Vierge qui entend son appel? Ou, plus probablement, les nombreux chocs de la route? En tout cas, les nœuds à ses poignets se relâchent légèrement. Avec ses dents, elle tire et tire encore le lacet, le cuir strie sa chair, elle ronge, mord, croque : victoire ! Les chevilles, maintenant ! Et l'autre, au volant, qui n'entend rien... En une contorsion, la fillette se défait de sa dernière entrave, cette ceinture qui la rive à la carlingue. La suite tient de la scène de film :

—J'ai vu un bouton sur la porte coulissante : *« Appuyez ici pour ouvrir »*. Je l'ai ouvert sans qu'il y ait de fracas. Il roulait trop vite, j'ai attendu. Il s'est arrêté à un stop, à un carrefour désert, et j'ai sauté.

Fourniret, lui, continue d'avancer, portes arrière ouvertes, sans s'apercevoir de rien. Mais c'est une question de secondes, d'une minute au mieux ! Que faire ? Au carrefour, un panneau bleu indique : *« Ciney 23 kilomètres »*. C'est la rase campagne ici.

—J'ai couru dans tous les sens, sans savoir quoi faire ni où aller. J'ai songé à me cacher dans un champ de maïs, mais je me suis dit que s'il revenait, il me retrouverait et je ne pourrais rien faire. Et j'ai vu une voiture arriver...

Marie-Ascension fait de grands gestes. Le véhicule s'arrête. Elle est sauvée.

Quelques minutes plus tard, Fourniret revient sur ses pas, plus furieux que jamais. Les portières, en claquant, ont fini par lui mettre la puce à l'oreille : l'oiseau s'est envolé ! Comment lui, le fauve, le Shere Khan, a-t-il pu commettre autant d'erreurs ? Est-ce la chaleur étouffante, son état d'énervement, l'insupportable babillage de cette petite grenouille de bénitier ? Sur toute la ligne, il a joué d'imprudence. Mal serré ses liens. Négligé de vérifier le blocage des portes arrière. La jeune Marie-Ascension vient de le ridiculiser ! Ah, celle-là ! S'il la rattrape !

Il écrira, plus tard, les projets qu'il lui destinait :

—Je lui aurais arraché les yeux et les membres, vivante, avec une infinie jouissance...

Pour l'heure, crispé sur son volant, le regard fou derrière ses lunettes, l'Ogre dévale les routes de campagne. Tellement enragé qu'arrivé à hauteur de Baronville, c'est à peine s'il remarque cette voiture arrivant en sens inverse. La conductrice, la vingtaine,

Le croisement où Marie-Ascension a sauté du fourgon, à la sortie de la commune de Mesnil-Saint-Blaise.

cheveux roux coupés court, s'appelle Stéphanie Janton. Elle se rendait à sa banque lorsqu'elle a secouru Marie-Ascension. A ses côtés, tassée sur son siège, la fluette ado frémit à la vue du fourgon blanc arrivant en face :

—C'est lui !

Les deux véhicules s'apprêtent à se croiser.

—Tu te concentres sur l'homme, lance Stéphanie Janton, et moi sur la plaque !

BMP967, BMP967... Les six caractères s'impriment dans sa mémoire. Fourniret est foutu.

IL ÉTAIT DE MAUVAIS POIL ET CETTE PETITE INSOLENTE L'A ÉNERVÉ, VOILÀ TOUT

A 16 h 59, alors qu'il rentre bredouille à Sart-Custinne, c'est un comité d'accueil inattendu qui surgit des buissons. Une nasse bleue fond sur le C25. Fourniret tente d'accélérer : trop tard, une voiture de police lui coupe la route. Michel lâche son volant. Lève légèrement ses grosses mains d'étrangleur. Cette bataille est perdue, inutile de lutter. La guerre, elle, peut commencer.

—Je me souviens encore de son visage au moment où il a été embarqué, raconte une voisine. Il nous regardait en rigolant, en se croyant le plus fort.

Le joueur d'échecs prépare déjà sa défense. Placé en garde à vue au poste de Beauraing, Fourniret, 61 ans, avance calmement ses arguments. Derrière les lunettes, l'œil bleu glacé ne cligne pas. Sous la barbe blanche, pas un muscle ne trahit ses émotions. Oui, bien sûr, admet-il, il était en colère. La faute au bulletin scolaire de son fils, un torchon. Résultat :

—Un constat immédiat d'un échec de gestion de la vie...

Sidérés, les policiers font ainsi connaissance avec le « langage Fourniret », mélange de formules ampoulées et de n'importe quoi. Rien n'était prémédité, assure-t-il. Cet après-midi, il avait prévu de *« charger quatre planches de 4 mètres »* pour transporter *« une cuisinière à charbon »*. Il a simplement voulu punir cette jeune fille, lui *« prouver qu'il pouvait être digne de confiance »*. S'il avait vraiment voulu la séquestrer, précise-t-il, il aurait serré ses liens bien plus fort :

—J'ai fait mon service militaire en Algérie, dans les commandos français de l'Air, et les nœuds, je connais...

Bref : il était de mauvais poil et cette petite insolente l'a énervé, point barre. Le juge d'instruction n'en croit rien : Fourniret est mis en examen pour

« enlèvement », « séquestration », « attentat à la pudeur » et écroué. Pendant ce temps, les enquêteurs de la PJ de Dinant investissent le fourgon C25 et la maison de Sart-Custinne. Et le moins qu'on puisse dire, c'est qu'ils ont du pain sur la planche...

INCARCÉRÉ, L'ÉTRANGE BONHOMME SE CONSACRE AU SILENCE ET À LA RÉDACTION DE SES MÉMOIRES...

Dans la camionnette, on trouve des taches de sang sur les parois, deux préservatifs, une petite jupe grise en velours, un masque inhalateur pour enfant asthmatique, les débris d'une ampoule d'éther, des cordes, des liens plastique de type Serflex, un tournevis, un cutter, un grand couteau... Et des centaines de poils et cheveux, envoyés à l'analyse. Dans la maison, les saisies sont plus effrayantes encore. Plusieurs armes à feu: un fusil Riot Gun, un revolver 9 mm Corso Magnum et deux pistolets Manurhin rouillés. Un engin meurtrier artisanal, bricolé à partir d'un barillet à huit cartouches. Une cagoule en laine noire. Plusieurs sacs de chaux. 750 kilos de sel de déneigement. Les cartes de plusieurs villages belges et français (les cabanes et les grottes y sont annotées). Toute la correspondance malsaine entre Michel et Monique: *« plaisir du risque, enlèvements », « disposer d'une jeune fente »*... C'est inquiétant. Tout comme ces trois chaînes fixées au mur de la cave, avec des coquilles de noix ouvertes au sol... Des « repas » servis à des petites prisonnières? Les autres propriétés de Fourniret sont aussitôt fouillées: le studio de Sedan, les maisons de Floing et de Ville-sur-Lumes... En tout, plus de 700 scellés! Les pistolets découverts permettent déjà de relier Fourniret au cambriolage d'un bureau de douane et au rapt manqué d'une infirmière *(voir chapitre 7)*. L'examen de son casier judiciaire français le confirme: Fourniret est un prédateur expérimenté. Est-ce lui aussi, Céline Saison et Mananya Thumpong? Et quid de la mystérieuse baby-sitter disparue, dont parlent les voisins? A toutes ces questions, glissant comme une anguille, Fourniret se dérobe. Incarcéré à la maison d'arrêt de Dinant, la plus surpeuplée de Belgique, l'étrange bonhomme reste serein. Son avocat, Me Castaigne, balaie la théorie du serial killer:

—Mon client ne comprend pas, il est abasourdi qu'on puisse le mêler à ces histoires. (...) Il est bien évidemment affecté par ce qu'il a fait et il l'assume. Mais pour le reste, il n'en revient pas.

Quelques-uns des objets trouvés en perquisition, qui seront plus tard exposés au procès.

Les mois passent, les soupçons s'accumulent et rien, dans son sourire de sphinx, ne dénote un changement d'attitude. Dans sa cellule, Fourniret s'occupe à écrire une sorte d'autobiographie. La loi l'autorisera à demander une remise en liberté dans un an. Alors il patiente. En silence.

MADAME FOURNIRET PARLE TRÈS LENTEMENT, LA LÈVRE MOLLE, L'ŒIL VIDE, COMME UN MOLLUSQUE

Et Monique, dans tout ça? Elle est au camping... La Mésange et son fils ont trouvé refuge au domaine des Sapins verts, à Hermeton-sur-Meuse. Ils se fondent parmi la cinquantaine de résidents, promènent le chien Alf au bord du fleuve ou regardent la télé, quand les branchages des sapins ne frottent pas l'antenne de la caravane. Perdus dans la nature, loin du tapage policier, mère et fils s'aèrent l'esprit. Un jour de juillet, un ordre de papa tombe: il faut enfouir les *« petits »*. Délogées à temps de la machine à laver, les 197 pièces d'or restantes du butin des Postiches trouvent un nouveau nid au pied d'un bosquet, le long d'une piste cyclable. C'est Monique qui creuse. Sélim qui replace une grosse pierre plate sur le sac Celio Sport. Ni vu ni connu, en attendant des jours meilleurs...

– Les petits sont en lieu sûr, garantit Monique à son mari, au parloir suivant.

Bientôt, elle se trouve un deux pièces à Waulsort, ainsi qu'un stage de reconversion dans le tourisme. En dehors, elle rase les murs. Mais depuis son premier interrogatoire, les policiers belges l'ont dans le viseur. Sa façon de balayer le passé judiciaire de son mari... De relativiser sa *« passion pour les jeunes femmes »*... Cette main enfin, qu'elle passe sans arrêt derrière son oreille... Madame Fourniret semble nerveuse. Elle parle aussi très lentement, *« comme un mollusque »*, dira un enquêteur. A l'évidence, elle en sait plus qu'elle n'en dit. Si point faible il y a, dans ce couple inquiétant, c'est elle. C'est donc là qu'ils vont taper. Encore. Et encore. Et encore.

Sous hypnose ou détecteur de mensonge, Monique se plie à d'épuisants allers-retours au commissariat, à d'interminables séances de questions. A force, ses mains se mettent à trembler. Sur sa chaise, le « mollusque » gigote, s'agite. La voix chevrote. Derrière son rideau de cheveux noirs, le regard se fait moins vide, plus parlant. Jusqu'à la mi-2004, elle subit en tout 120 interrogatoires ! C'est que la loi belge ne limite pas le nombre d'auditions. Et permet bien d'autres initiatives, comme l'expliquera un inspecteur :

—Nous avons décidé, avec l'accord du juge d'instruction, de placer des micros dans le local VHS.

Il s'agit de « visites hors surveillance ». En gros, des parloirs conjugaux de deux heures maximum, dans une petite pièce dédiée. Il y a là une télévision, une douche et un lit, pour que les couples passent du bon temps ensemble.

—Nous espérions que dans l'intimité, ils s'échangeraient des confidences, poursuit l'inspecteur.

Au début, les micros cachés ne captent rien de spécial. Assis côte à côte sur le lit sommaire, les Fourniret ne parlent guère, sinon de stratégie de défense. Se doutent-ils qu'on les écoute ? Est-ce pour cela qu'ils montent systématiquement le volume de la télé ? L'enquête progresse, ils le savent. Michel vient d'être confondu pour une autre agression, celle de la jeune Sandra à la gare de Gedinne *(voir chapitre 7)*. Quant à Monique, elle est constamment mitraillée de questions sur la baby-sitter, sur Céline, sur Mananya, sur d'autres encore...

—Je ne sais pas si je serai encore libre en juin... geint la Girafe, de plus en plus inquiète.

—Reste évasive dans tes déclarations, conseille Michel, à voix basse.

Mais elle n'en peut plus. Cent vingt fois qu'on l'interroge, et il faut encore que son mari l'emmerde avec les questions pratiques, la maison de Sart-Custinne, l'argent, toujours l'argent ! En juin 2004, au parloir « VHS », Monique fait sa crise de nerfs.

—Les enquêteurs sont trop bêtes, relativise Michel, certain de sa supériorité intellectuelle.

—Je n'en suis pas si sûre ! rétorque Monique, avant de lâcher un nom.

« Elizabeth Brichet. » Un nom qui fait tout basculer. Cette gamine de 12 ans disparue quinze ans plus tôt à Saint-Servais. A l'autre bout du câble, les oreilles indiscrètes n'en croient pas leur casque. La pression exercée sur Monique paye enfin ! Sous leurs patients assauts, la reine vient de tomber. L'échiquier s'ouvre enfin : le roi est à découvert. Echec et mat.

FOURNIRET ÉTAIT DEVENU SURVEILLANT DE CANTINE !

L'école primaire de Gedinne. Monique surveillait la cour de récréation. Michel, le réfectoire.

L'épisode a de quoi faire frémir. Encouragé par son expérience de professeur, l'Ogre se fait embaucher début 2003 à l'école primaire de Gedinne (Monique y surveille déjà la cour de récréation).

Pas compliqué, comme job. Il faut juste un peu de patience, faire les gros yeux quand les petits Belges se balancent des frites molles à travers la cantine. Ce n'est payé que 5 euros de l'heure, mais Michel s'investit. Travailler avec ces petits *« anges »* est une chance, dit-il. Il aimerait leur faire découvrir des jeux de société, axés sur la pédagogie : pourquoi ne pas leur promettre des bonbons contre une séance de rangement ? Son mantra : *« le respect dû aux enfants »*. Pas une réunion sans qu'il en parle...

— Il inspirait la confiance, nous confie Michèle Brasseur, la directrice de l'établissement.

Son arrestation, fin juin 2003, est un choc. On apprend que Fourniret devait encadrer le grand voyage scolaire de l'été. Qu'il avait par ailleurs demandé à disposer de la clé des toilettes, pour soi-disant *« mieux gérer les va-et-vient »*... Le scandale est énorme. Comment expliquer aux parents que le petit vieux de la cantine était un prédateur d'enfants ?

— On a beaucoup souffert de tout ça, souffle la directrice.

Aujourd'hui encore, l'ombre de l'Ogre plane sur l'école de Gedinne :

— Des jeunes qui étaient petits à l'époque viennent encore me voir en disant : on a été à l'école quand Fourniret y était !

Et de conclure, un frisson dans la voix :

— C'est glaçant.

Un reportage de
Sophie Noachovitch

Monique Olivier va passer aux aveux au cours de son 121e interrogatoire.

CHAPITRE 10

LES ÉPOUVANTABLES CONFESSIONS

Q*uand on cache des choses, plus on parle, plus on finit par se contredire».* Tel est le mantra du commissaire Jacques Fagnart, 53 ans, directeur de la section criminelle de Dinant. Rondouillard, la cigarette toujours vissée au coin des moustaches, mais agile tel un félin. *« Il attend le bon moment,* dit-on de lui, *mais lorsqu'il va porter l'estocade, il touche. »* Depuis un an, Fagnart jauge son adversaire. Cent vingt fois qu'il interroge Monique Olivier, guettant ses failles, décryptant ses longs silences. La manière forte est inutile avec ce genre d'invertébrée: pour attendrir le poulpe, il faut le battre longtemps... Puis le plonger brutalement dans l'eau bouillante. Pourquoi au 121e interrogatoire ? Pourquoi ce mardi 22 juin 2004 ? Peut-être parce qu'aujourd'hui même, la cour d'assises d'Arlon va condamner lourdement Marc Dutroux, comme son épouse et complice Michelle Martin... Monique, sa copie conforme, est donc plus fébrile que jamais.

ELLE « SAIT DES CHOSES »... ET ELLE EST DÉCIDÉE À « DIRE LA VÉRITÉ »

Ce matin-là, dans son bureau du premier étage, le félin Fagnart la joue fine. L'air de rien, il tournoie, aborde d'abord la sexualité de Fourniret. Monique admet les délires de son mari sur la virginité, son sempiternel scénario du militaire de Thionville... Elle en a *« marre »*. Elle s'affaisse sur sa chaise. Elle est « mûre ». A 14 heures, Fagnart met enfin le « poulpe » en cuisson. Il lui révèle qu'ils écoutent leurs parloirs, qu'ils savent déjà. Derrière le rideau de cheveux noir corbeau, une larme se met à couler... Puis deux... Jusqu'au torrent de sanglots. D'une voix fiévreuse, la femme de l'Ogre avoue. Oui, elle *« sait des choses »*. C'est *« lourd à porter »*. Elle va *« dire la vérité »*, désormais.

— Michel Fourniret a déjà tué deux jeunes filles...

Et elle lâche deux noms: Céline et Mananya. Imperturbable derrière ses moustaches, Fagnart préfère arrêter là et envoyer Monique chez le juge d'instruction pour consigner tout ça. De là, il la convoque pour le lundi suivant: une semaine de marinade ne fera pas de mal à son « mollusque »...

Le 28 juin donc, Monique revient devant Fagnart. Sont aussi présents Daniel Bourgard et Yannick Jacquemin du SRPJ de Reims, en charge des meurtres de Céline et Mananya. A 14 h 30, Monique confirme ses aveux, mais va plus loin encore:

—Je dois d'abord vous dire que depuis le début de notre vie commune, fin 1987, à ma connaissance il a tué au moins six femmes.

Stupeur dans le bureau : voilà quatre meurtres supplémentaires ! Quatre calvaires que Monique retrace en vingt-cinq minutes chrono, en tripotant nerveusement ses mèches. D'abord, Isabelle Laville :

—J'ai cru que Michel allait se contenter de la violer. (...) J'ai entendu la gamine hurler, pas très longtemps. Puis Michel est assez vite redescendu et il m'a dit qu'il l'avait tuée, en l'étranglant.

Ensuite, Farida Hammiche, « *enterrée en région parisienne* ». Puis Jeanne-Marie Desramault, son frêle corps drapé dans « *un rideau de douche de couleur rose translucide* ». Enfin Elizabeth Brichet, cette gamine « *docile* » à laquelle Fourniret ne laisse aucune chance :

—Il m'a dit que c'était terminé, qu'il avait tué la petite et qu'il l'avait enterrée avec la tractopelle.

Un trop-plein d'horreurs jaillit à la face des enquêteurs, estomaqués... L'audition prend fin. Monique refuse de manger, mais accepte quelques boissons, tout en précisant :

—Demain matin, il faudra que je prenne un médicament pour la tension.

Il est 23 h 25 lorsqu'elle signe son procès-verbal. Il vaut son pesant...

Le lendemain, toute flasque dans son pull bleu, Monique ajoute à la liste les meurtres de Fabienne Leroy et de Natacha Danais. Et de huit ! Une main nerveuse derrière l'oreille, Monique s'explique :

—Il m'a tenue avec une première affaire, il m'a piégée. C'était trop tard, j'aurais dû avoir le courage de le dénoncer... J'ai été lâche.

Le 30 juin, dans une dernière audition filmée, elle s'énerve, panique, malmenant ses cheveux dans tous les sens :

—Mais après on va me considérer comme la femme de Dutroux si je dis que j'ai aidé à faire ce genre de choses !

C'est qu'entre-temps, Michelle Martin a écopé de trente ans de prison. Ça fait réfléchir.

—Chut, chut, la calme un policier. On veut la vérité.

La vérité, elle commence tout juste à sortir. Monique était elle otage, victime, appât, complice ? Tout cela à la fois ? En tout cas, quand la petite Elizabeth l'a implorée en hurlant « *Madame aidez-moi !* », la femme de l'Ogre n'a pas levé le petit doigt.

—Je ne l'ai pas aidée, constate-t-elle, froidement.

Pour l'heure, Monique est mise en examen pour « non-assistance à personne en danger » et écrouée. Maintenant, il faut entendre Fourniret. Tout entendre, hélas, jusqu'aux détails les plus abjects...

CERTAINES L'ONT DÉÇU : PAS ASSEZ PURES, PAS ASSEZ VIERGES… ET POUR D'AUTRES, IL S'EST DÉÇU LUI-MÊME

Jusqu'ici taiseux, celui que les journaux appellent désormais « l'Ogre des Ardennes » révèle son vrai visage. En garde à vue, il se montre bavard. Vantard. Verbeux. Ne niant rien. Assumant tout.

—Il existe des gens d'une nature malfaisante. Que voulez-vous, on ne peut rien y faire, c'est ainsi.

La virginité le fascine, c'est un fait : *« car je ne suis qu'un homme »*. Les huit meurtres indiqués par Monique ? C'est bien lui. Impassibles derrière les lunettes, ses yeux bleus fixent froidement les policiers. Goulûment. Jour après jour, avec plaisir, force et détails, il raconte les derniers instants de ses victimes. Certaines, dit-il, l'ont déçu. Pas assez pures, pas assez vierges… Pour d'autres, il s'est déçu lui-même. Fourniret insiste sur la logique imparable de sa *« démarche »*, sa *« technique »* pour parvenir à ses fins. Isabelle Laville ?

—J'ai fait basculer le corps dans le puits.

Le meurtre de Farida Hammiche, le vol des lingots ? Simple *« transfert de propriété »*. Et Fabienne Leroy, exécutée en forêt ?

—Elle était contente d'être promenée.

Pourquoi emporter ce jour-là un flacon d'éther, une seringue, un fusil calibre 12 ?

—Un bon ouvrier ne part jamais sans sa trousse à outils.

Natacha Danais, poignardée avec un tournevis, étranglée et jetée dans la mer ?

—Une situation ingérable. (…) Elle pensait rentrer après ce que je lui avais fait croire.

Jeanne-Marie Desramault ?

—Un cri à interrompre.

La petite Elizabeth Brichet ?

—Je voulais posséder un symbole et j'avais face à moi l'expression d'une détresse.

Il raconte tout ça assis, les bras croisés, les jambes allongées, comme on déroule un rapport de chantier. Encore plus insupportables, ces moments où le tueur s'embarque dans d'immondes logorrhées :

—Le fait de donner la mort est une façon de donner naissance à un homme nouveau. C'est le paroxysme de l'orgueil. Rien n'est plus beau qu'un requiem !

Les révélations de Fourniret sont cruelles, déchirantes. Comment accepter, par exemple, que Céline Saison soit morte pour un simple pare-chocs? Car c'est sur un parking, vêtu d'une *« combinaison de travail pas très propre »* et en quête d'un pare-chocs à voler, que Fourniret la repère. La fait grimper dans le C25 sous prétexte de chercher une direction, puis la conduit dans un bois.

—Je lui ai dit: *« Je ne vais pas vous violer, sinon je serai obligé de vous tuer. Je préférerais que vous me demandiez poliment si je veux bien faire l'amour avec vous. Je pourrai ensuite vous raccompagner chez vous »*. Elle a répondu: *« Et si je ne veux pas? »*. J'ai répondu: *« Ce n'est pas grave, je vous raccompagnerai chez vous, mais auparavant, je vous aurai rendue aveugle avec de l'acide, afin que vous ne puissiez pas m'identifier. »* (...) Céline m'a alors répondu: *« Je n'ai pas le choix »*. J'ai dit: *« Pas vraiment »*. Après un petit moment, elle a conclu: *« Je suis d'accord»*. J'ai dit: *« De toute façon, pour une fille de 18 ans, ce n'est pas la première fois »*. Elle s'est tournée vers moi, en me regardant dans les yeux, et elle m'a dit d'un air un peu triste: *« Si, justement... »*

Une *« première fois »* qui sera la dernière. Tétanisée sur sa banquette, Céline n'ôte pas sa culotte:

—J'ai dit: *« Enlevez-la, on est entre nous »*. (...) J'ai moi-même introduit mon doigt dans son sexe, à l'entrée, sans précipitation. (...) Elle était crispée. (...) Je lui ai alors dit: *« On va essayer avec autre chose »*. J'étais en érection, j'ai sorti mon sexe. Sans violence, je me suis mis en position et je l'ai pénétrée sans aller très loin, mais en insistant pourtant, ce qui a entraîné sa protestation: *« Ça brûle! »*. J'ai dû effectuer quelques mouvements, mais sans aller plus loin, et j'ai éjaculé rapidement. (...) Je lui ai dit qu'elle pouvait se rhabiller et, à ce moment, elle a paru surprise, l'air de dire: *« C'est tout? »*.

C'est bien assez pour Fourniret, dont l'arc-en-ciel, pour une fois, ne faillit pas. *« Je dois vous dire qu'il était content de cet exploit »*, se rappellera Monique. Face aux policiers sidérés, Fourniret soutient avoir obtenu l'accord de Céline:

—Naturellement, je sais que ce n'est pas un consentement valable. Mais cela me permet d'atteindre mon objectif: déflorer une vierge.

L'Ogre conduit alors Céline près d'un parking désert doté de tables de pique-nique.

—J'ai alors saisi un morceau de ficelle (...) qui se trouvait en dessous de mon siège, parmi d'autres objets hétéroclites. Je lui ai dit de se tourner, le visage vers la fenêtre. J'ai vivement passé cette cordelette autour du cou de Céline et je l'ai étranglée. Elle s'est un peu débattue, a levé la main droite en signe de protestation, et est morte rapidement, le visage boursouflé.

Monstrueux.

EN TOMBANT POUR SES CRIMES, MICHEL FOURNIRET DEVIENT PLUS PUISSANT QU'IL NE L'A JAMAIS ÉTÉ

Fourniret évoque ensuite Mananya. Ce samedi-là, en sortant de la médiathèque, cette « *belle petite Asiatique* » serait montée de son propre chef dans le fourgon maudit. Sous le prétexte de la présenter à son fils Sélim, Fourniret lui fait passer la frontière jusqu'au bois de Nollevaux, où l'on retrouvera son scalp et la bague sertie de pierres bleues...

—Je lui ai dit que si elle me demandait poliment de faire l'amour, j'accepterais et après, je la raccompagnerais. (...) J'ai décidé: « *Nous allons passer derrière* ». Elle a enjambé le dossier. Son sac à dos a accroché l'appuie-tête. Je me suis pressé de la suivre, de peur qu'elle ne parvienne à la porte arrière, l'ouvre et prenne la fuite. Je l'ai priée de s'allonger, car si j'étais ferme, j'ai toujours été courtois...

Courtois? Quel culot...

—C'est à ce moment-là, poursuit Fourniret, qu'elle s'est décidée à formuler sa demande, d'une petite voix à peine audible: « *Est-ce que vous voulez bien que je fasse l'amour avec vous, Monsieur?* ». (...) De la même voix, elle m'a dit qu'elle ne savait pas ce que ça voulait dire. Je lui ai retiré doucement ses souliers (...). Après l'avoir dévêtue des pieds à la ceinture, je me suis disposé à me placer sur elle. C'est à ce moment-là qu'elle s'est mise à se débattre vigoureusement, avec une force décuplée à laquelle je ne m'attendais pas. Pour moi, cette réaction n'était pas conforme avec ce qu'elle avait accepté précédemment...

Mananya l'aurait trahi, en somme... Alors, comme il ne fait « *pas les choses à moitié* »:

—Je l'ai étranglée à mains nues.

On imagine l'écœurement du commissaire Fagnart et des autres. Le calme de Fourniret. Son langage châtié. Quant à savoir:

—Vis-à-vis de ces gamines, et des familles, avez-vous des remords?

Fourniret répond, placide:

—A la première, peut-être, mais là où j'en suis, non.

—Vos victimes avaient-elles une chance de s'en sortir?

—Une fois que la fille est seule avec moi, son destin est devenu irréversible.

D'ailleurs, il assurera devant les psychiatres:

—Non seulement je les viole, mais je les tue aussi. Parce que si je ne les avais pas tuées, elles auraient eu des séquelles très importantes. Leurs familles auraient souffert toute leur vie, alors que là, je les ai tuées.

Et de sourire, dans sa barbe :

—Les familles devraient me remercier...

SOUS LES DEUX POIVRIÈRES, LA TRACTOPELLE RUGIT, ÉVENTRE LES PLATES-BANDES, RETOURNE TOUT...

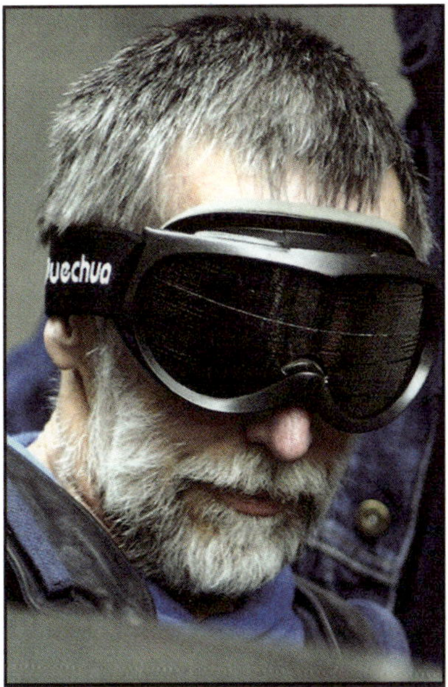

Fourniret portait systématiquement un masque de ski Quechua lors de ses déplacements, l'empêchant de tenter une quelconque évasion.

Le paradoxe est là : en tombant pour ses crimes, Fourniret devient plus puissant qu'il ne l'a jamais été. Lui, le petit minable ivre de revanche sociale, le joueur d'échecs médiocre, s'élève au rang de maître du jeu. Quand il parle, désormais, tout le monde l'écoute. Il a le pouvoir de dire ou de ne pas dire. Et les policiers ont objectivement besoin de lui, au moins pour trouver les petits corps. Les rendre enfin à leurs familles...

3 juillet 2004. C'est en gilet pare-balles que l'Ogre fait son grand retour au château du Sautou, plus « en majesté » que jamais. Cette Mercedes blindée, c'est son carrosse. Les policiers, presque ses domestiques... Certes, l'ancien dessinateur industriel leur a tracé un plan du parc au centimètre près, mais sa connaissance du terrain reste précieuse. La presse est là, tâchant d'apercevoir, entre les épicéas touffus, le fameux « Ogre des Ardennes ». Monique reste au chaud dans une voiture, tête baissée. Sous les deux poivrières, la tractopelle rugit, éventre les plates-bandes, et les magistrats s'impatientent...

—Vous devriez mieux chercher, les sermonne Fourniret, pas gêné.

Mais après huit heures de fouilles, le grutier ne déterre toujours rien. Ni sous l'allée du château, où serait enterrée Jeanne-Marie, ni derrière le pavillon de chasse où est censée reposer Elizabeth.

— Je vous assure que c'est là, insiste encore le tueur.

Et soudain, un cri. A 2,50 mètres de profondeur, un agenda Snoopy surgit du remblai. Suivi d'un anorak parme et de deux yeux bleus, grands ouverts: Elizabeth Brichet. Plus tard, c'est sous sa croix de scotch qu'émerge le visage décharné de Jeanne-Marie Desramault. La semaine suivante, son vieux père Henri, 84 ans, claudique comme un pauvre hère dans l'allée centrale de l'église de Béthune. Sa canne le supportant à peine, il atteint péniblement le cercueil, drapé d'un tissu bleu.

— Ma fille..., murmure-t-il en tapotant le bois, les traits déformés de larmes.

A Namur, ce sont 3000 personnes qui entourent les Brichet devant le petit cercueil couvert de roses. L'émotion est terrible. Après tant d'années de chagrin sans fond, ces deux familles, du moins, ont leur réponse... Mais combien sont-elles, en France ou en Belgique, à réclamer les leurs?

C'EST LUI QUI MÈNE LA DANSE, DEPUIS SA CELLULE

De partout, on remonte des « cold cases ». Les demandes d'interrogatoire s'accumulent, parfois pour de simples disparitions inexpliquées. Faute d'une instruction unique, centralisée, le navire prend l'eau. D'autant que policiers et gendarmes, en guerre éternelle, se disputent le monstre. Depuis sa prison de Forest, Fourniret exulte: tous ces égards l'honorent... Une cour de promenade individuelle. Des parloirs vidés rien que pour lui. L'Ogre mène, dit-il, « *une vie fantastique* » dans sa cellule. Il a sa télé, sa radio, son jeu d'échecs électronique, ses cahiers, ses stylos, sa table en bois pour écrire. A quel journaliste daignera-t-il répondre? A quel expert psychiatre racontera-t-il son enfance? A certains, comme Daniel Zagury *(voir*

> ***« ET SOUDAIN, À DEUX MÈTRES CINQUANTE DE PROFONDEUR, UN AGENDA SNOOPY SURGIT DU REMBLAI... »***

LE TRISTE SUICIDE D'UNE FILLE DE FOURNIRET

Marie-Hélène Fourniret.

Son nom était trop lourd à porter. Marie-Hélène Fourniret gardait pourtant quelques bons souvenirs de son père. Les vacances au Sautou, les tirs à la carabine avec sa sœur jumelle, les pièces d'or brillant au fond des poches... Sa dernière entrevue avec lui, c'était le 21 février 2003 à Martizay (Indre). Le patriarche l'avait conviée au pot de départ de son ancien patron. Mais, isolés en bout de table, le père et la fille avaient fini par s'écharper. Et Marie-Hélène, par recracher ses rancœurs: les punitions humiliantes de l'enfance, sa sœur attachée à la niche du chien, la mort affreuse de son frère...

Ce père *« dément »* et *« destructeur »*, elle le reverra quatre mois plus tard, à la télé cette fois, menottes aux poignets. Dessinatrice dans un bureau d'architectes, elle perd son job peu après... Sans mari, sans enfants, Marie-Hélène Fourniret déprime, enchaînant médicaments et Rothman rouges. Le 20 février 2006, elle est retrouvée morte, à 33 ans, dans son studio de Meulan (Yvelines). Cocktail d'alcool et de comprimés... Ses démarches pour changer de nom n'auront jamais abouti, comme en témoigne son répondeur: *« Vous êtes bien chez Marie-Hélène Fourniret, je ne suis pas là pour le moment... »*.

annexe suivante), il se livre plus ou moins sincèrement. Avec d'autres, il joue les Hannibal Lecter de seconde zone. Perturbé par ses énormes mains, celles qui ont serré tant de gorges, le docteur Ployé ne les quitte pas des yeux :

— A quoi pensez-vous ? lui demande soudain l'Ogre.

— Vous savez très bien à quoi je pense, monsieur Fourniret...

Et l'autre de grogner :

— Si vous le dites, je vous étrangle.

Fourniret parle en énigmes, dessine en rébus, corrige *Le Grand Meaulnes* (c'est si mal écrit !) ou annote la Bible (*« Le Seigneur m'a ouvert l'oreille »*, dit le livre d'Isaïe, *« Allez aux urgences »*, répond Fourniret, dans la marge). On trouve son plaisir où on peut. Et l'imagination de notre plaisantin est intarissable.

La seule ombre au tableau, dans toute cette rigolade ? Monique. En cette année 2005, leurs relations sont à couteaux tirés. Est-ce à cause des nouveaux crimes qu'elle lui met sur le dos ? Ceux de Joanna Parrish, de Marie-Angèle Domèce et des fameuses nounous belges ?

— Ces déclarations m'indiffèrent, prétend-il.

La véritable pomme de discorde, c'est bien plutôt le test de quotient intellectuel effectué sur sa Mésange : un score très élevé de 131 points... Soit sept de plus que lui ! Erreur ! Scandale ! Pantalonnade !

Depuis qu'il a pris connaissance de ces résultats, Fourniret n'a pas de mots assez durs pour celle qui l'a secondé si longtemps :

— Elle n'a rien entre les deux oreilles. (...) Une ravissante idiote. Je pense que c'est une bête chronique.

Et de minimiser son rôle dans ses crimes :

— Elle était là, c'est tout. (...) C'est Fourniret et Fourniret seul. Il décide et il fait.

Plus question entre eux de correspondance enflammée. Juste ce mot envoyé à Monique pour la faire tourner en bourrique :

— Au recto, il y a une recette de cuisine où il m'insulte ; au verso, il me demande pardon. C'est à n'y rien comprendre...

L'atmosphère est si tendue qu'à leur première confrontation, le 1er septembre 2005, les policiers insistent lourdement sur le dispositif en vigueur :

— Vous ne vous adresserez pas directement à votre époux, souffle Fagnart à Monique, vous passez par nous, d'accord ?

Monique hoche la tête, mollement. Entre ensuite Fourniret auquel on explique, à son tour, les conditions de la séance. Mais l'Ogre s'y refuse. Feuilles manuscrites à la main, il s'énerve, exige de pouvoir questionner sa femme...

—C'est dommage, chuinte-t-il, parce que j'avais préparé des notes qui pourraient faire avancer l'enquête...

—Dans ce cas, tranche Fagnart, on va les saisir, ces notes...

—Il n'en est pas question! explose Fourniret.

Le corps de Jeanne-Marie Desramault a été déterré dans l'allée centrale du domaine.

En un éclair, il froisse ses feuilles en boule... et les gobe! Aussitôt, les flics bondissent, tâchent de lui faire recracher son papier. Grincement de chaises, bousculade, bagarre. Le « petit Fourniret » en perd ses lunettes, qui valsent et se brisent au sol. Et c'est avec un filet de sang sur sa lèvre éclatée qu'on le renvoie au cachot. Ces aimables « retrouvailles » donnent le ton des prochaines. Car les amants diaboliques sont appelés à se revoir.

AVEC L'ÂGE, MICHEL FOURNIRET NE S'ARRANGE PAS...

Début 2006, les quarante-neuf tomes du dossier sont envoyés en France. Et Fourniret avec. Commencent alors des road trips incessants en Mercedes blindée, des Ardennes à la Marne en passant par la Loire-Atlantique... Gilets pare-balles, cortège de snipers en embuscade, les Fourniret revisitent un par un les théâtres de leurs ignominies. Et chaque reconstitution est prétexte à des chamailleries insupportables. Ici, Michel menace Monique de la *« balancer »*; la traite de *« dégueulasse »*. Là encore, propulse un méprisant crachat à ses pieds... Il prend même les familles de victimes à témoin:

—Tu te rends compte, Monique, les parents sont là! Ne rentre pas sale à la maison d'arrêt!

C'est qu'avec l'âge, Michel ne s'arrange pas. On le savait tatillon, à radoter sur une virgule mal placée dans un procès-verbal. Vicieux, lorsqu'il vante durant quinze minutes les vertus du « *tournevis cruciforme* ». On le découvre capricieux : il refuse de manger autre chose que du chocolat tant que l'expert psy ne lui aura pas rendu ses dessins ! Et boudera les reconstitutions si les flics ne réparent pas les dégâts provoqués par leurs fouilles, dans sa maison de Sart-Custinne ! Mais son plus odieux chantage concerne Isabelle Laville, dont il manque encore la dépouille. Voilà plus d'un an qu'il fait lanterner son monde, exigeant une loupe « *spéciale* » pour étudier des cartes de l'Yonne en lâchant d'interminables « *hmmm hmmm* »... Et pourquoi pas, suggère-t-il, un tête-à-tête dans sa cellule avec le père d'Isabelle ? Excédé, le procureur Nachbar rassemble les informations distillées par Fourniret et fait appel à la presse :

—On recherche un transformateur de 2 mètres sur 2, avec un petit appentis attenant, en briques rouges, qui abritait un puits à l'intérieur.

C'est le maire de Bussy-en-Othe (Yonne) qui résout l'énigme. Ce puisard, il l'a fait reboucher six ans plus tôt, de peur qu'un gosse ne tombe dedans. Le 30 juin 2006, voilà donc le cortège habituel qui investit le lieu-dit La Ramée, en bordure de la RD47. Un puisatier et quatre spéléologues de la gendarmerie se joignent au dispositif.

—Vous êtes sur la bonne voie, pérore Fourniret dans son gilet pare-balles.

Il faudra onze jours de travail acharné pour excaver 3000 seaux de gravats. Pour distinguer, à 26 mètres de profondeur, ce crâne emballé dans un sac plastique Cora. Et ces belles bottines blanches à tresses, dont Isabelle Laville était si fière...

L'IMMINENCE DE SON PROCÈS, À L'ÉVIDENCE, LE GRISE

Fourniret poursuit son chantage. Dans une lettre datée du 18 juin 2007, il demande un « *tête-à-tête frontal* » avec les familles Mouzin, Parrish et Domèce. Il ne veut rien laisser « *au bord de la route* », dit-il. Exécrant les journalistes, ces « *parasites* », il exige le huis clos à son procès. Et une déclaration sur l'honneur des jurés, attestant de leur virginité avant leur mariage ! Sans quoi il boycottera l'audience... « *à 96,8 %* » !

—Je ne demanderai jamais pardon aux familles, clame-t-il. Il faut rétablir la peine de mort. Je rêve d'une guillotine dont le couperet puisse être manœuvré par une corde assez longue pour que tous ces gens qui ont des raisons de m'en vouloir puissent s'unir et m'éliminer.

L'Ogre a beau hurler sa mégalomanie, c'est Monique Olivier qui focalise l'attention... Comment une mère de famille a-t-elle pu consentir à tous ces crimes abominables ? Quel a été son rôle ? Son influence ? *« Déterminante malgré elle »*, assure Fourniret, décidé à ne pas se faire voler la vedette. Jean-Pierre Laville, le père d'Isabelle, en doute :

— Monique Olivier a été le déclencheur. C'est la plus intelligente des deux. Dans leur association criminelle, lui, c'était la voiture, elle, le carburant.

Du procès qui s'ouvre ce 27 mars 2008 aux assises de Charleville-Mézières, *« personne ne sortira indemne »*, avertit Fourniret. Le couple diabolique joue gros. Elle, son avenir. Lui, son immense orgueil. Devant les bancs indignés des parties civiles, leur bras de fer va s'avérer sanglant...

Jean-Pierre Laville, « soulagé et triste à la fois » que l'on ait enfin retrouvé le corps de sa fille.

INTERVIEW

IL A SONDÉ L'ÂME NOIRE DU TUEUR

Guy Georges, Pierre Chanal, Patrice Alègre: l'expert psychiatre Daniel Zagury a sondé les âmes des pires tueurs en série français. Y compris celle du *« plus abouti d'entre eux »*: Michel Fourniret. Comment fonctionnait l'Ogre des Ardennes ? Et Monique Olivier, son binôme de malheur ? Pour le savoir, nous avons rencontré le docteur Zagury dans son cabinet du 12e arrondissement de Paris.

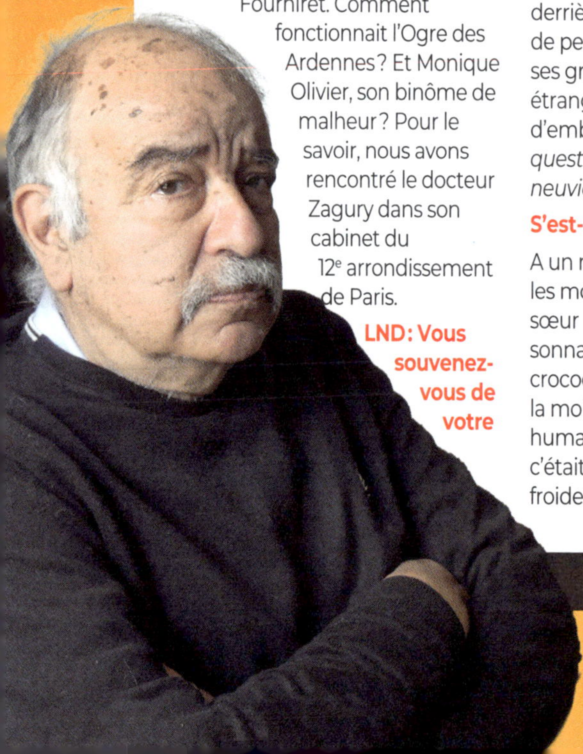

LND: Vous souvenez-vous de votre première rencontre avec Michel Fourniret ?

Daniel Zagury: C'était le 20 août 2005 à la prison de Forest, en Belgique. Nous étions dans une pièce seul à seul, mais un gardien nous surveillait derrière une vitre. Je n'ai pas ressenti de peur, mais du dégoût. Je regardais ses grosses mains, celles qui avaient étranglé des petites filles. Il m'a dit d'emblée: *« Si vous me posez dix-huit questions, je répondrai à la dix-neuvième ».*

S'est-il livré à vous ?

A un moment, il a pleuré en évoquant les moqueries subies par sa grande sœur lors d'un mariage... Mais ça sonnait faux, comme des larmes de crocodile. Il est impossible d'éprouver la moindre empathie pour lui. Aucune humanité n'en ressort. Fourniret, c'était un bloc de granit. De la froideur pure.

Le docteur Daniel Zagury, expert psychiatre.

Pourquoi se focalisait-il sur la « pureté » des femmes ?

A cause de son histoire familiale, qu'il voyait remplie de « femmes impures ». Sa grand-mère est morte en plein accouchement, après avoir reçu un coup de sabot de vache. Il a découvert que sa sœur faisait ses besoins comme tout le monde. Et que sa mère, selon les rumeurs, se prostituait. L'enfant Fourniret se demandait : *« Comment peut-on naître d'une mère pure ? »*. La religion lui a répondu : l'Immaculée Conception, qui donne naissance à Jésus sans avoir forniqué. Il dit avoir eu une vision extatique de la Vierge à l'âge de 12 ans, en faisant du vélo près d'un champ.

Fourniret était-il vraiment obsédé par la virginité, ou était-ce un prétexte pour justifier ses crimes ?

Non, c'était vraiment central. Il recherchait depuis toujours ce corps purifié, non souillé. D'où sa quête de jeunes vierges et ses scénarios criminels.

Si sa première femme avait été vierge, il n'aurait jamais violé et tué de petites filles ?

Penser cela serait une erreur. Si cette non-virginité l'a autant déçu, cela prouve que cette obsession était déjà très présente à cette époque. Une obsession quasi délirante. Il parlait d'ailleurs de ses victimes avec adoration. La fillette immaculée, la peau blanche, en robe blanche, avec ses petites nattes... C'était terrible à entendre. Sans doute le moment le plus difficile de mes entretiens avec lui.

Ce qui revenait constamment aussi, c'était son orgueil démesuré.

Fourniret était très prétentieux et se la « pétait » en permanence. Il voulait paraître extraordinairement cultivé en citant Dostoïevski, Bachelard ou Camus, alors qu'il n'en a jamais lu trois lignes ! Il se donnait une grande importance pour mieux dominer. Lors de notre second entretien, à la prison de Châlons-en-Champagne, je lui ai dit : *« Asseyez-vous »*. Fourniret m'a répondu : *« Ah non, moi on ne me donne pas d'ordre »*.

On sentait aussi chez lui une absence d'empathie...

Elle était totale, en effet, avec une dimension psychopathique. Pour Fourniret, l'autre n'avait strictement aucune importance. Si quelqu'un se mettait sur son chemin, il l'écrasait sans état d'âme. C'est manifeste dans le meurtre de Farida Hammiche : elle était un obstacle entre lui et le trésor des Postichos. Il m'a d'ailleurs sorti cette phrase : *« Avec moi, il ne faut pas vouloir faire des affaires »*. C'est d'un cynisme absolu.

Fourniret était-il un sadique ?

Non. Fourniret ne jouissait pas de faire du mal. Ses victimes rentraient simplement dans son fantasme. Il les faisait passer dans un chemin cérémonial entre la pureté et l'impureté. Le passage entre les deux, c'est l'anneau magique. Les jeunes filles entraient blanches, immaculées, et ressortaient comme des Kleenex sales. Des rebuts à jeter à la poubelle. Il ne les tuait pas pour les faire souffrir, mais pour s'en débarrasser.

Pourtant, Fourniret semblait prendre du plaisir à balader les familles, à distiller des informations au compte-gouttes aux enquêteurs…

Il jouissait effectivement de sa posture. Il était celui qui pouvait donner ou ne pas donner l'information. Il avait une vision binaire du monde : on est dominant ou dominé, écraseur ou écrasé, tout-puissant ou rien du tout. C'est sans demi-mesure.

Suite à son arrestation en 1984 pour agressions sexuelles, des experts n'ont décelé chez lui qu'une « immaturité affective » et l'ont estimé réadaptable, avec la suite que l'on connaît. Ont-ils sous-estimé sa dangerosité ?

Il faut comprendre une chose : Fourniret n'a pas toujours été Fourniret. Les experts de 1984 ont vu un homme jeune, plus friable, moins cuirassé, encore accessible à l'angoisse et au doute. Moi, j'ai vu celui qu'il est devenu des décennies plus tard. Celui qui a monté une à une les marches de la vanité, de l'impunité et du crime. Celui qui m'avait lancé : *« Je suis pire que Dutroux »*.

Sa rencontre avec Monique Olivier a été déterminante.

C'est avec elle qu'il se met à tuer. Mais même seul, Fourniret aurait fini par commettre des meurtres. Sa logique cheminait depuis très longtemps. A l'inverse, sans lui, Monique Olivier n'aurait sans doute jamais été mêlée à des actes criminels.

Pourquoi Monique Olivier s'est-elle attachée à Fourniret ?

A la base, elle voulait juste un costaud, style Lino Ventura, pour casser la figure à son premier compagnon qui aurait abusé d'elle. Elle a trouvé en Fourniret un exutoire. Pour une fois dans sa vie, elle n'était plus la pauvre chose écrasée, délaissée, méprisée. La victime, ce n'était plus elle, mais ces jeunes filles.

On a quand même du mal à croire que Monique Olivier ait pris du plaisir dans ces crimes…

On a du mal, mais on a tort ! On admet que les hommes soient de gros cochons, mais pas les femmes, à cause de leur image maternelle. C'est un préjugé universel que je trouve misogyne. Les femmes ont une sexualité qui peut être aussi déviante et maléfique que celle des hommes ! Il est évident que Monique Olivier a trouvé une satisfaction perverse dans ces crimes. Elle devenait celle qui inflige la souffrance aux autres.

Cela rejoint les conclusions du psychanalyste Philippe Herbelot, selon lequel Monique Olivier savait « utiliser la perversité des hommes à leur insu » *et trouvait chez Fourniret* « de quoi satisfaire par procuration ses désirs ou fantasmes les plus archaïques ».

Et elle, qu'a-t-elle apporté à Fourniret ?

D'une part, elle a facilité ses scénarios criminels en rassurant les petites filles par sa présence, sa grossesse, sa figure de mère. Elle s'occupait même de leur *« préparation physique »*, ce qui est absolument immonde... D'autre part, elle confortait Fourniret, elle lui donnait de l'assurance. Elle lui offrait enfin la virginité de ces petites filles par procuration, puisqu'elle ne pouvait plus lui offrir la sienne.

Fourniret aurait pu continuer à « chasser » tout seul. Quel intérêt d'agir en couple ?

Cela crée une normalisation du crime, un renforcement mutuel. C'est toujours plus facile à deux.

Vous avez défini Fourniret comme « le plus abouti » des tueurs en série français...

On a beaucoup repris cette phrase, sans forcément en rappeler le contexte. Je n'ai jamais voulu le hisser au hit-parade des Jeux olympiques du crime ! Fourniret est le tueur en série *« le plus abouti »* parce que c'est celui qui est allé le plus loin dans le temps. Sa carrière criminelle a commencé très tôt, à l'âge de 24 ans. Il a connu plusieurs décennies d'impunité, avec la possibilité de « verrouiller son système » et de monter les enchères.

Vous avez également expertisé Monique Olivier. Quelle impression vous a-t-elle laissée ?

Celle d'une espèce de motte de beurre dégoulinante qui se plaint constamment, dit des choses qui ne sont pas crédibles, se défausse en permanence sur Fourniret et minimise ses propres actes.

« LÀ OÙ LA PLUPART DES TUEURS EN SÉRIE BALBUTIENT, INVOQUENT UN DÉRAPAGE, DES PULSIONS, DES FLASHES, FOURNIRET ÉTALE SA CERTITUDE QUE SES MEURTRES, ATROCES À NOS YEUX, NE SONT POUR LUI-MÊME QUE LA CONSÉQUENCE DE SA QUÊTE LÉGITIME DE PURETÉ. »

Une interview de
Sophie Noachovitch

> FOURNIRET, TOUJOURS BOUDEUR, PREND QUELQUES NOTES SUR UN CALEPIN. LÂCHE JUSQU'AU BOUT, IL REFUSE LE DÉBAT PUBLIC. SANS HUIS CLOS, IL NE PARLERA PAS.

CHAPITRE 11

FAITES ENTRER LE MONSTRE

L'entrée est fracassante. C'est traîné, presque porté par quatre policiers de l'IGPN, que Michel Fourniret pénètre dans le box des assises de Charleville-Mézières. Il peut bien refuser de quitter sa cellule : avec son physique de gringalet, l'accusé n'est pas de taille à lutter contre des policiers d'élite ! Il s'assied donc bras croisés, tel un enfant boudeur. D'ailleurs, il se fait aussitôt gronder par l'avocat général, Francis Nachbar :

— Tous les jours, vous assisterez au procès ! On vous y amènera de force à chaque fois s'il le faut ! Depuis quatre ans, vous n'êtes plus maître de rien. Vous ne décidez plus de rien, vous ne manipulez plus personne ! La justice ne permettra pas que nous soyons soumis à vos caprices ! Arrêtez ces indécences insupportables, Fourniret ! Arrêtez une fois pour toutes vos pitreries grotesques !

Tête baissée, bouillant de rage, l'accusé ne moufte pas. Il a déjà son plan en tête pour la suite...

MONIQUE OLIVIER SEMBLE PRÊTE À COOPÉRER

Le procès s'est ouvert la veille, le 27 mars 2008. Ce matin-là, malgré un froid glacial, des dizaines de curieux, massés sur le trottoir, tentent d'apercevoir *« le monstre lubrique et hideux »*, comme Fourniret se définit lui-même. On se bouscule aussi pour entrer dans la cour d'assises. L'audience est hors norme : une vingtaine d'avocats, une cinquantaine de proches de victimes et quelque 350 journalistes accrédités ! Michel Fourniret, 65 ans, est bien là. Barbe blanche de trois jours, lunettes ovales, pull bleu sur chemise blanche, il affiche l'arrogance d'un petit coq de village. Quand le président Gilles Latapie lui demande de décliner son identité, il se lève et plaque un papier contre la vitre blindée du box.

— Vous jouez avec mon dernier contrôle ophtalmologique, grince le président, qui peine à déchiffrer l'inscription.

Ce sont cinq mots, écrits en lettres bâtons : *« SANS HUIS CLOS BOUCHE COUSUE »*. En clair, soit on vire les journalistes, soit Fourniret se tait. Capricieux, comme toujours... A l'inverse, Monique Olivier, 59 ans, veut présenter son meilleur visage. Fini les cheveux filasse, la peau de vieille sorcière et les joggings ingrats : place au casque de cheveux argent, au maquillage soigné et à la veste polaire de couleur taupe. Mais pour elle, ça commence plutôt mal :

— Quelle est votre profession ? demande le président.

— Euh... aide à la personne, bredouille-t-elle, déclenchant un murmure indigné dans la salle.

Une formule bien maladroite, vu son attitude envers les petites victimes... Surtout à l'heure de lire l'ordonnance de mise en accusation, assurément la pire de toute l'histoire judiciaire.

RAREMENT, DANS UNE COUR D'ASSISES A-T-ON VU RÉUNI UN TEL CONDENSÉ DE DOULEUR

Le document ne fait « que » 111 pages, et c'est déjà un miracle. Il résume 850 kilos de dossiers, 10000 procès-verbaux et 16 années d'enfer. Deux greffières se relaient pour assurer l'atroce lecture. Ce sont sept calvaires de victimes, disséqués dans les moindres détails. Du *« cœur éclaté et déchiqueté »* de l'une à la *« toilette intime »* pratiquée sur l'autre, tout y passe. Pendant 5 heures 30, les micros crachent de l'horreur pure. Surprenant le visage livide de son assesseur, le président décrète une suspension d'audience pour que le Samu le prenne en charge! Sur leur banc, les parents d'Elizabeth Brichet luttent pour ne pas craquer. Marie-Jo Sculo, la mère de Natacha Danais, aussi. Henri Desramault, 87 ans, très malade, se tasse dans son fauteuil roulant, son béret d'ancien cheminot sur les genoux. Son épouse ne le réconfortera pas: elle est morte de chagrin depuis longtemps... Rarement une cour d'assises aura réuni un tel condensé de douleur. Fourniret prend des notes sur un calepin, détendu. On le voit cependant se taper la tête avec les mains quand la greffière rappelle son échec à pénétrer la petite Elizabeth. Une crise d'orgueil, encore. D'ailleurs, il campe sur ses positions:

—Si certaines parties civiles demandent le huis clos pour leur affaire, je serai en mesure de parler et de rectifier les erreurs de l'ordonnance de mise en accusation. Je brûle d'envie de m'exprimer, mais je ne le peux pas. Et pourtant, j'en aurais des choses à dire...

Grossier chantage.

—Nous sommes ici pour un débat contradictoire, lui rappelle le président Latapie. Nous sommes dans un prétoire, pas à la « Star Academy »...

« JE SUIS UN ÊTRE HUMAIN, J'AI DU CŒUR », OSE LÂCHER MONIQUE OLIVIER À LA BARRE

Puisque Fourniret reste muet, c'est Monique Olivier qui se retrouve sur la sellette. Le président aborde sa correspondance macabre avec Fourniret, du temps de Fleury-Mérogis.

—Quand il évoque dans ses lettres le *« plaisir du risque »*, les *« enlèvements »*, vous vous doutez de quoi il parle?

—Je ne pensais jamais qu'il irait jusqu'au bout.

Les courriers sont pourtant explicites: Monique promet *« d'exécuter ses ordres »* et de *« seconder son fauve »*...

— Aucun pacte n'a été signé, balaie-t-elle. Ce n'était que des mots. Entre les écrits et les actes, il y a une différence. C'était un fantasme. Pour moi, cela n'avait aucune réalité...

Me Hervé Dupuis, l'avocat de la famille Saison, l'interpelle:

—Votre sexualité avec Fourniret était normale?

—Oui, normale.

—Pas de déviance?

—Non, aucune.

Là encore, le dossier la contredit. Avant de faire l'amour avec Fourniret, elle lui demande: *« Monsieur, s'il vous plaît, est-ce que je peux vous sucer? »*. Soit les exactes supplications imposées à Céline et Mananya...

—Vous demandait-il d'imiter ses petites victimes?

—C'est violent à dire devant tout le monde... chuchote Monique, tremblante.

—Vous avez mimé la scène avec Mananya? insiste l'avocat de ses parents, Me Gérard Chemla.

—Oui...

—Vous aviez conscience d'imiter des petites filles mortes?

— Oui. Mais je n'avais aucun plaisir à faire ça.

Sauf qu'un expert psychiatre vient la décrire comme une femme *« fortement perverse »* et *« sans compassion »*. Il ajoute qu'il ne l'a *« jamais vue pleurer »*.

—Si je ne pleure pas, c'est par respect pour les familles, ose Monique. Je suis un être humain, j'ai du cœur...

A entendre la suite, on en doute.

MALGRÉ SA RAGE PALPABLE, FOURNIRET RESTE STOÏQUE

La cour s'arrête sur Isabelle Laville, la première victime du couple diabolique. C'est Monique qui la piège dans sa voiture, avant que Fourniret ne monte à son tour. Pour Me Alain Behr, elle ne fait là que respecter sa promesse: *« seconder son fauve »*.

—Si je comprends bien, il fallait lui livrer une fille comme on livre une pizza? lance l'avocat.

—Il me demandait sans arrêt de lui offrir une vierge, geint-elle. Mais il voulait une fille qui me ressemble. A l'époque, j'avais les cheveux longs et bruns. On a repéré Isabelle qui marchait sur le trottoir. Il a trouvé que « ça » pouvait lui convenir...

Les parents de *« ça »*, Jean-Pierre et Marie-Jeanne Laville, serrent les dents.

—Pourquoi n'êtes-vous pas intervenue, pourquoi n'avoir pas dit « stop »? demande le président Latapie.

— Je croyais qu'il se contenterait de lui faire peur... J'ai compris lorsqu'il lui a passé une cordelette autour du cou... Ensuite, je l'ai droguée avec des cachets de Rohypnol...

—Combien lui en avez-vous donné?

—Je lui en ai mis une poignée dans la gorge.

On en vient à cette scène abominable où, devant leur prisonnière en pleurs, Monique s'agenouille aux pieds de son mari.

—Il n'arrivait pas à ses fins avec la petite. Il n'arrivait pas à se mettre en... condition. Il m'a demandé une fellation. Je me suis exécutée...

On sait aussi qu'elle « vérifie » la virginité d'Isabelle.

—J'ai agi comme une automate, plaide-t-elle.

—Une automate qui agit durant seize ans! proteste Me Hervé Dupuis.

—Je ne pouvais rien dire...

Elle aurait pu tenter, au moins. Mais non.

— La première fois, je pensais que cela allait s'arrêter au viol. Mais par la suite, quand il enlevait une gamine, je savais qu'elle allait mourir.

—Diriez-vous que vous êtes vous-même une victime de Fourniret? lui demande Me Behr.

—Oui, je me considère comme une victime...

Quelle lâcheté. Et que dire de son coaccusé qui reste là, bras croisés, l'air de n'être pas concerné? On se demande qui est le plus minable des deux. Me Behr tance Fourniret:

—Vous avez peur des débats? Peut-être parce que vous êtes plus faible que Monique Olivier? Ou simplement moins intelligent?

Malgré la rage palpable qui bout dans ses yeux, Fourniret reste stoïque.

ME SEBAN ATTAQUE FOURNIRET SUR SON POINT FAIBLE: L'IMPUISSANCE SEXUELLE

C'est donc encore Monique qui doit répondre seule du meurtre de Fabienne Leroy:

—J'ai dû vérifier sa virginité avec les doigts. J'étais loin de penser qu'il m'obligerait à ça dans mon état...

—Vous avez tenu en joue la victime avec le fusil? demande le président.

—Oui. Quand il donnait des ordres, il fallait se taire.

A noter que Monique est alors enceinte de 8 mois de Sélim.

—Savez-vous que les enfants entendent tout ce qui se passe dans le ventre de leur mère ?

Des dommages collatéraux, il y en a dans cette affaire. Un collègue d'usine de Fabienne, accusé à tort *(voir p. 82)*, fera trois mois en prison pour rien.

—Je l'ignorais, on ne lisait pas le journal.

—C'est faux ! s'énerve Me Thierry Moser.

—Vous êtes la pire menteuse que j'aie jamais vue ! renchérit Me Gérard Chemla. Relevez les yeux ! Regardez les parents de Fabienne dans les yeux et dites-leur : *« Je n'ai rien vu » !* Allez-y, je vous écoute !

—Je n'ai... rien... à dire, bredouille-t-elle.

Son mari griffonne toujours sur son calepin. Me Didier Seban s'exaspère :

—Et vous, Michel Fourniret, levez-vous !

—Non, mais vous voyez bien que je suis en train d'écrire ! hurle l'intéressé d'une voix hystérique.

Le duel entre les deux hommes est lancé. Me Seban l'attaque sur son point faible : l'impuissance sexuelle.

—Est-ce que vous les tuez uniquement parce que vous n'y arrivez pas ? Vous n'en êtes pas capable, hein ?

Les pupilles pleines de haine, Fourniret pointe à trois reprises un doigt rageur vers l'avocat. Mais il parvient à se contenir... renversant le rapport de force :

—Mon pauvre Seban, soupire-t-il, méprisant à souhait.

Patience. Car le travail de l'avocat va finir par payer...

LES PROCHES DES VICTIMES VONT CRACHER LE FOND DE LEUR PENSÉE À LA FACE DES DEUX MONSTRES

Le tournant intervient à l'évocation de Mananya Thumpong, que Fourniret nie avoir abusée. Mais Monique maintient. Elle confirme avoir rejoué la scène de son viol, et admet même une forme de *« jalousie »* à l'égard de la petite fille ! Tandis que le public lutte contre la nausée, Monique sort un mouchoir de sa poche.

—Ah ! Voilà le mouchoir ! s'exclame Me Chemla.

—C'est pas ça ! J'ai la goutte au nez ! proteste-t-elle.

Soudain, Fourniret explose :

QUANDFOURNIRET INSULTE MONIQUE EN PLEIN PROCÈS

La séquence est irréelle. Elle se produit alors que Fourniret accuse Monique d'avoir assassiné elle-même Farida Hammiche à coups de baïonnette.

— Ça, je m'y attendais ! s'emporte Monique. Il est en colère contre moi, alors il m'accuse...

Et Fourniret de crier, d'une voix rauque :

— C'est un mensonge flagrant, Madame !!

Dans le box, la tension est électrique. Fourniret fixe Monique d'un regard de haine pure, comme un fauve prêt à bondir. Les trois policiers qui les séparent sont aux aguets.

— Un mensonge !! éructe encore Fourniret.

— Moi, je garde le souvenir que... tente de répondre Monique.

— Toi, tu ! Toi, tu !! Arrête de raconter des conneries, merde !!! C'est pas vrai, cette bonne femme...

Et d'un dernier hurlement, monstrueusement puissant :

— Connaaasse !!!!

– Les mots qu'elle emploie me font gerber ! J'en ai par-dessus la tête des assertions vagues, filandreuses, innommables, de Monique. Je sais, moi, que ce qu'elle dit n'est pas vrai.

Son épouse réplique :

—Si Fourniret n'est pas content de mes réponses, il n'a qu'à prendre la parole au lieu de me laisser répondre à sa place !

A l'évidence, les piques de Me Seban commencent à produire leurs effets. Fourniret devient intenable. Le voilà qui hurle à l'avocat général :

—Montrez-les-moi, ces PV !

—Vous parlez ? s'étonne Francis Nachbar, un brin narquois.

—Je ne parle pas, je gueule ! Moi, je n'ai jamais caché que j'étais un monstre. Mais vous, vous êtes tous des menteurs !

Et il se rassoit, furieux. On dirait la crise de nerfs d'un enfant de 6 ans, un vrai « petit

Fourniret »… La dignité, on la trouve chez les proches des victimes, jusqu'ici remarquables de retenue. Mais maintenant, ils vont cracher le fond de leur pensée à la face des deux monstres:

—Vous êtes un homme petit, pas seulement par la taille mais par le caractère, lance Marie-Jeanne Laville, la mère d'Isabelle. Vous avez cru oublier votre petitesse en vous en prenant à plus faible que vous… Vous n'êtes pas un être humain, vous êtes trop laid de l'intérieur.

Et à Monique qui, pour rappel, a mis trois enfants au monde:

—Vous êtes une mère, mais pas une maman! Quand on pense que vous vous êtes servie de votre bébé pour attirer des jeunes filles!

Colette Leroy, la mère de Fabienne, enfonce le clou:

—Votre enfant bougeait dans votre ventre quand vous avez enlevé ma fille! Comme avez-vous pu faire ça? J'ai honte pour vous…

Jean-Pierre Saison, le père de Céline, vise surtout Fourniret:

—Regardez-moi! Vous trouverez peut-être dans mes pupilles le regard de Céline. Ne fermez pas les yeux! Vous ne les avez pas fermés lorsque vous lui avez passé une corde autour du cou! Je veux vous dire ceci: j'ai tellement de haine que, si la vie me le permet, j'irai cracher sur votre tombe!

Hervé, le père biologique de Mananya, s'avance. D'une carrure imposante, il se place bien en face du maigrelet Fourniret:

—Tous les jours, j'ai cherché un mot pour vous qualifier. J'ai cru l'avoir trouvé: une larve. Mais vous n'en êtes même pas une. Une larve, ça sert à quelque chose, pas vous! Même les excréments de vache, on les ramasse pour en faire du combustible!

Moins utile qu'une bouse, donc, Fourniret se rassoit. Il le sent, il est en train de perdre le combat. Alors, l'orgueilleux tueur va tenter une autre stratégie. Plus agressive.

« JE NE VAIS PAS ME LAISSER IMPRESSIONNER PAR UN PETIT AVOCAT DE MERDE COMME VOUS! »

A quinze jours de la fin des débats, coup de théâtre: Fourniret décide enfin de parler!

— Désormais, je répondrai à toutes vos questions, assure-t-il au président.

Mais dès les premières minutes, on commence à regretter sa *« bouche cousue »*. Le voilà qui se qualifie de *« stratège »*, de grand *« joueur d'échecs »*, reléguant Monique Olivier au rang de simple pion:

—Je ne lui disais pas tout. Je ne voyais pas l'intérêt de mettre les hommes de troupe au courant de la stratégie de l'état-major.

Il précise:

—Je la considère comme une souris effarouchée, une paumée.

Sa « chasse » aux vierges?

—J'ai l'image du braconnier qui va à la chasse sans savoir s'il ramènera un faisan ou un lapin de garenne...

Fourniret fait mal. Et il le sait.

—Ça vous fait plaisir de faire souffrir les familles en comparant leurs filles à un faisan? s'insurge Me Behr.

« SI FOURNIRET N'EST PAS CONTENT DE MES RÉPONSES, QU'IL PRENNE LA PAROLE AU LIEU DE ME LAISSER RÉPONDRE À SA PLACE! »

—Ou bien je m'exprime avec la dureté des mots, ou bien je rentre dans ma coquille!

Me Seban en profite pour bombarder de questions Fourniret, qui s'énerve:

—Je parle, alors écoutez!!! Je ne vais pas me laisser impressionner par un petit avocat de merde comme vous!!

Et finalement:

—Je reprends ma parole. Terminé!

—Respirez un bon coup et balancez ce foutu orgueil à la poubelle, lui enjoint Me Chemla.

Rien à faire. De toute façon, tout le monde est épuisé. Les plaidoiries commencent avec les avocats des parties civiles. Me Jocelyne Beyer-Buchwalter interpelle Monique Olivier:

—Comment une mère de famille a-t-elle pu faire ça? Vous êtes une insulte aux femmes du monde entier!

Même constat chez Me Sabine Barz:

—Toutes les femmes ici présentes auraient eu suffisamment d'humanité pour dénoncer ces crimes afin qu'ils ne se reproduisent plus. Cette dose d'humanité, Monique Olivier ne l'a pas.

Me Gérard Chemla revient sur l'extrême violence du dossier:

—Nous touchons là au mal absolu... Personne n'est préparé à ce que nous avons vu.

Me Didier Seban dénonce *« l'alliance d'un pauvre type et d'une paumée »*:

—Au-delà des clashs verbaux, je devine entre vous une sorte de pacte du silence, un pacte de non-agression. Vous êtes deux tueurs qui n'en font qu'un.

POUR L'AVOCAT GÉNÉRAL, LES DEUX ACCUSÉS « FUSIONNENT EN UNE SEULE CRÉATURE DU MAL », UNE SORTE DE « DIABLE À DEUX FACES ».

— Ils ont fait preuve d'une sauvagerie sans exemple, appuie Me Paul Lombard.

— Ces deux-là vont retourner dans l'oubli, se réjouit Me Hervé Dupuis.

Rien n'est moins sûr. Mais la prochaine plaidoirie, elle, restera assurément dans les mémoires...

L'avocat général Francis Nachbar annonce d'emblée:

— Je ne supporte plus toutes les horreurs de ces deux fêlés.

Pour lui, les deux accusés *« fusionnent en une seule créature du mal »*, en une sorte de *« diable à deux faces »*:

— Au recto, le visage boursouflé d'orgueil et de vanité de Fourniret. Au verso, la figure blanche, flasque, impavide, dénuée de tout sentiment et d'humanité de Monique Olivier. Elle est l'égérie criminelle, la conseillère en alibis, la muse sanglante...

Sa métaphore est cinglante:

— Monique Olivier est comme une grosse araignée, à la face flasque et aux petits yeux cruels. Fourniret est la petite araignée qui ramène ses proies, le tout petit mâle

qui revient gonflé auprès de sa grosse femelle et qui se gargarise.

Il conclut :

— Nous avons affaire à un couple de tueurs extrêmement froid, organisé, pervers, d'une cruauté et d'une inhumanité que notre pays n'aurait jamais imaginé connaître.

MÊME L'AVOCAT DE FOURNIRET EST DÉPITÉ

Sans surprise, il requiert le maximum. Que peut plaider la défense, avec un dossier aussi épouvantable ? Me Jean-Paul Delgenes, conseil de Monique, demande aux jurés de rétablir *« l'ordre protocolaire du crime »*. Son fils, Me Richard Delgenes, appuie l'idée d'une *« différence symbolique »* dans la peine :

— Monique n'est accusée que de complicité, et seulement de complicité, rappelle-t-il, soulignant que *« l'expression des remords est le germe de la repentance »*.

Me Pierre Blocquaux, l'un des avocats de Fourniret, est presque dépité :

— A quoi sert de défendre quelqu'un qui estime lui-même être indéfendable ? La seule défense utile aurait été, à l'époque, de l'arrêter au plus vite. Que d'occasions manquées !

Le dernier mot revient aux accusés.

— Je regrette tout ce que j'ai fait, c'est tout, déclare sobrement Monique Olivier.

Mais la sobriété n'est pas exactement le point fort de Michel Fourniret. Après avoir traité l'avocat général de *« roquet »* et de *« simplet sur pattes »*, il s'en prend à sa complice, une *« femme sans âme qui geint comme un paillasson... »*. Il récite aussi un poème, spécialement écrit par ses soins :

— Parfois le fond du box sent ce que sent la caque...

Les puanteurs d'autrui, au fond piètre cloaque...

Puis Fourniret enchaîne les digressions, jusqu'à celle de trop :

— Si des extraterrestres ont suivi ce procès...

— Stoppons là, tout le monde a compris ! coupe le président. Vous avez terminé ? Merci beaucoup !

Le 28 mai 2008, à 15 heures, les jurés reviennent dans la salle. Fourniret, le crâne grossièrement rasé pour l'occasion, reste debout, yeux fermés. Engoncée dans son pull rose, Monique ne cille pas. Verdict : perpétuité incompressible pour lui, perpétuité avec vingt-huit ans de sûreté pour elle. En clair, ils ne sortiront jamais de leur cellule. Ou alors sous bonne escorte. Car la justice a encore beaucoup de questions à leur poser. Notamment sur cette fillette dont le visage hante la France depuis trop longtemps. Une certaine Estelle Mouzin...

tout simplement...
ikks compagnie

Chapitre 12

ESTELLE, LA QUÊTE IMPOSSIBLE

Centrale d'Ensisheim. Dans les couloirs de la mythique prison alsacienne règne un silence étouffant, résigné : ceux qui sont gardés là n'en sortiront pas. C'est que la France entière tremble encore à l'énoncé de leurs noms. Ce sexagénaire obèse au parloir, cajolé par sa jeune admiratrice blonde, c'est Guy Georges, le « tueur de l'Est parisien ». Cet autre au menton en galoche, c'est Francis Heaulme, le « routard du crime »... Emile Louis y a passé ses derniers jours, Patrice Alègre y compte les siens. Vieillis, bouffis, blasés, la fine fleur des serial killers français se croise chaque jour dans les coursives. Le matricule n° 5451, lui, se cloître dans sa cellule. Fourniret. Avec ses longs cheveux blancs, sa barbe hirsute et ses traits émaciés, le désormais septuagénaire vomit ses codétenus, *« pas dignes d'intérêt »*. Ses journées, il les consacre à la lecture. Il écrit, aussi. Partout. Frénétiquement. Dans les marges des calendriers, sur des feuilles volantes, des emballages de briques de lait... Souffrant de *« défaillances mnésiques »* et de *« repli sur soi »*, le vieil Ogre est aussi dur de la feuille. Il doit pousser le volume de sa petite radio, toujours branchée sur France Culture. Mourir ici, il ne dirait pas non. Avec ses bouquins. Avec ses secrets. Ce serait oublier les procédures en cours, les cases vides qu'il reste à combler. Et dans l'échiquier judiciaire qu'est devenue sa vie, un nouvel adversaire vient d'avancer ses pions. Un nouveau « partenaire » avec qui, juge-t-il, *« ça vaut la peine de jouer »*...

Tribunal de Paris, 13e étage. Dominant la pièce, la baie vitrée offre une vue dégagée sur le périph' de la porte de Clichy. Quelques plantes vertes, un décor épuré, deux bureaux. L'un est occupé par la greffière, *« une petite boulotte exubérante »*, nous dit-on. L'autre par Sabine Khéris, la « doyenne » des juges d'instruction parisiens. Mariée, deux enfants et un goût prononcé pour les doudounes blanches. Une magistrate discrète, mais coriace. Depuis des années, elle instruit les dossiers les plus « chauds » de la République : viols d'enfants centrafricains par des militaires français, scandale du « Mur des cons »... Beaucoup louent sa *« force de travail »*, même si son côté *« bulldozer »* fait grincer quelques dents :

— Elle est très binaire, persifle un détracteur, il y a les gentils d'un côté et les méchants de l'autre. Avec Fourniret, elle est très tranquille !

Sauf qu'avec lui, rien n'est jamais simple. Certes, dans les affaires Marie-Angèle Domèce et Joanna Parrish, qu'elle instruit, Fourniret est le suspect idéal, le « méchant » parfait. Mais si Monique l'avait accusé des deux meurtres, elle

Fourniret en août 2019, à Saint-Cyr-les-Colons (Yonne).

s'est depuis rétractée... La juge Khéris doit tirer ça au clair. Début 2018, elle confronte donc Fourniret aux procès-verbaux de son ex-femme (ils ont divorcé après leur procès). Est-ce l'air de Paris qui le requinque ? Ou bien son estime pour cette juge qui bosse bien ses dossiers ? En tout cas, pour la première fois, Fourniret... avoue les deux meurtres ! Enfin, à sa façon. Il admet *« une part de vérité non négligeable »* puis, au milieu d'un torrent de propos décousus, bredouille :

— Elles seraient encore vivantes si elles n'avaient pas croisé mon chemin.

Cerise sur le gâteau, le vieillard lâche un troisième nom. Autant dire, une bombe : *« Estelle Mouzin »*.

Estelle, enlevée le 9 janvier 2003 à Guermantes... par Fourniret ? Quinze ans que la PJ de Versailles s'acharne à le prouver *(voir encadré ci-contre)*. Problème : les comparaisons ADN ne donnent rien. Ensuite, il y a « l'alibi » : ce coup de téléphone passé, le 9 janvier 2003 à 20 h 08, au fils aîné de Michel pour son anniversaire. Qui est à l'origine de cet appel de 99 secondes ? Monique ? Michel ? Aucun des deux ne s'en souvient – mais il y avait quelqu'un, ce soir-là, pendu au téléphone fixe de Sart-Custinne, loin, très loin de Guermantes...

LA PJ DÉFEND SON TRAVAIL

***« S'entendre dire qu'on n'a pas creusé la piste Fourniret, c'est insupportable »*, peste-t-on à la PJ de Versailles.** Ses hommes subissent de vives critiques depuis des années : ils auraient perdu trop de temps, négligé l'hypothèse Fourniret... *« C'est un mensonge »*, s'agace un enquêteur de la première heure :

— Moins de dix jours après l'arrestation de Fourniret, on est déjà à la PJ de Dinant, en Belgique, pour creuser son profil, son emploi du temps et son environnement.

Les fibres textiles rouges relevées dans son fourgon ne correspondent pas au pull que portait Estelle, mais la PJ s'accroche.

— Tout notre travail était centré sur Fourniret. On y croyait tous à mort, ça ne pouvait être que lui.

Car tout colle : la camionnette blanche, les circonstances... Même, dans une certaine mesure, le portrait-robot établi par une autre gamine de Guermantes, abordée vingt jours avant Estelle.

— Mais son père nous a dit que sa fille avait vu Fourniret plusieurs fois à la télé, et ne l'avait pas reconnu.

Transmise par les policiers belges, la téléphonie des Fourniret est disséquée.

— Aucun de leurs cinq portables ne borne à Guermantes le 9 janvier 2003, ni même en France.

Et l'ADN d'Estelle ne se trouve ni dans le C25 de Fourniret, ni dans le Jumpy de sa femme. Et la photo de la petite disparue, retrouvée sur leur ordinateur ?

— Elle a été enregistrée automatiquement par la mémoire de l'appareil, parce que leur fils Sélim avait consulté « Hebdotop », un site pour ados qui partageait lui aussi l'appel à témoins... Quant aux fouilles à Clairefontaine, elles n'ont rien donné.

Entre 2003 et 2017, la PJ de Versailles interroge Monique Olivier cinq fois, et Fourniret quatre fois. Neuf auditions vaines, dont la dernière finit ainsi :

— Fourniret nous dit les yeux dans les yeux : *« Je ne suis pas l'auteur de la disparition d'Estelle Mouzin »*. Lui et sa femme ont toujours nié. On n'a jamais pris leurs déclarations pour argent comptant, mais on n'avait aucun élément objectif à leur opposer.

Peu après, la PJ est dessaisie de l'enquête, avec le sentiment d'avoir fait le maximum. C'est alors qu'une information paraît dans certains médias : le couple Fourniret aurait échangé des SMS le soir du crime, via des cartes prépayées. Cela supposerait qu'ils n'étaient pas ensemble à leur domicile belge.

— On le découvre par la presse ! Franchement, ces textos tombent un peu du ciel... Si ces SMS existent vraiment et qu'on les avait eus entre les mains, les Fourniret seraient sans doute confondus depuis des lustres !

En conclusion :

— On a tout fait pour coincer Fourniret, mais on ne pouvait ni l'inclure ni l'exclure. Et aux dernières nouvelles, à part ses aveux non circonstanciés, c'est toujours le cas...

Propos recueillis par
Michel Mary et Christophe Guerra

« LE NOM D'ESTELLE MOUZIN NE ME CONCERNE PAS »

Le timing, les distances, les routes verglacées, tout contredit la thèse. Sans compter que même s'ils purgent déjà « perpét' » et ne craignent plus rien, les Fourniret nient. Fermement. Depuis toujours.

—Ce serait ridicule de ma part de cacher quelque chose, proteste Monique. Pourquoi je ferais ça, par plaisir méchant pour la petite?

Oui, estime Milica Petrovic. Cette matrone serbe, condamnée pour escroquerie sur vieilles dames, est détenue à Rennes comme Monique Olivier. Et celle-ci lui aurait tout raconté! Qu'Estelle est bien *« le style de petite fille »* de son mari. Que le soir du 9 janvier 2003, elle réalise à sa demande une *« déviation téléphonique »*. Le but: faire croire que Michel appelle son fils aîné depuis son domicile belge, alors qu'il le fait avec son portable, en France... Les policiers sont perplexes: pourquoi Monique se démentirait-elle ainsi? Et pourquoi se confier à cette détenue qui la *« terrorise »*?

—La Serbe était un peu la cheffe de l'étage, selon une source. Elle décidait qui pouvait manger et qui pouvait aller se doucher.

Confrontée à son accusatrice, Monique qualifie ses propos de *« mensonges »*. Même son de cloche chez Fourniret:

—Ces déclarations me laissent ébahi.

Ce 10 octobre 2017, il répète encore une fois aux policiers venus l'entendre à la PJ de Mulhouse:

—Le nom d'Estelle Mouzin ne me concerne pas.

Et à ce stade, rien ne peut le contredire...

LA MÉMOIRE LUI FAIT DÉFAUT, MAIS UNE CHOSE EST CERTAINE: SUR CETTE AFFAIRE, IL A LE « CUL MERDEUX »

Pourquoi donc Fourniret, ce 2 mars 2018, parle-t-il d'Estelle devant la juge? *« Il n'avoue pas, mais il ne dément pas non plus »*, précise une source au *Parisien*. Alors quand une note confidentielle de la sous-direction de la gendarmerie écrit que *« M. Fourniret reconnaît le meurtre de Joanna Parrish, Marie-Angèle Domèce et Estelle Mouzin »*, il y a de quoi tomber de sa chaise... En juin 2018, c'est Monique qui s'assied à son tour dans le bureau de la juge. La Mésange, elle aussi, a laissé quelques plumes : ses cheveux, jadis noir corbeau, ont irrémédiablement blanchi. Mais l'attitude, fuyante, craintive, n'a pas changé.

— J'ai peur d'être tabassée, je ne suis pas courageuse, dit-elle.

En prison, elle potasse ses cours d'histoire par correspondance et préfère rester *« tranquille dans sa cellule »*. Elle n'en sort que pour faire du dressage canin, via une association d'aide aux handicapés. Pour débloquer les affaires Domèce et Parrish, il va falloir rivaliser d'attention et de cafés (sans sucre). La guider doucement, tels ces chiens qu'elle dresse, vers la vérité… Commence alors dans l'Yonne une sorte de « tournée des charniers ». Il s'agit de retrouver le corps de l'une dans les bois de Saint-Cyr-les-Colons, et de reconstituer, sur les berges de Monéteau, les derniers instants de l'autre… Un étrange tandem prend forme : une doudoune blanche et un gilet pare-balles. Dans la

> LA MÉSANGE, ELLE AUSSI, SE FAIT VIEILLE. RIDÉE, LES CHEVEUX BLANCS, TOUJOURS PLUS CRAINTIVE. « J'AI PEUR D'ÊTRE TABASSÉE, JE NE SUIS PAS COURAGEUSE », ADMET-ELLE.

première, la juge Khéris et ses questions. Dans le second, un vieil Ogre rabougri au regard vide, qui tend l'oreille et s'excuse :

—Ça ne fait pas tilt.

> DANS L'IMPOSSIBILITÉ OÙ JE SUIS DE VOUS DIRE "JE SUIS RESPONSABLE DE SA DISPARITION", JE VOUS EXHORTE À ME CONSIDÉRER COMME COUPABLE.

Depuis leur talus, les flics de Versailles observent tout ça d'un œil sceptique. Ces « demi-aveux » de l'Ogre, au fond, ils n'y croient pas... Pourtant, la suite semble leur donner tort. C'est d'abord le témoignage inédit de Jean-Paul H., adressé par mail à l'association « Estelle ». Ancienne connaissance de Fourniret, il dit l'avoir aperçu sur une aire d'autoroute limitrophe de Guermantes, quatre jours avant le rapt d'Estelle. De là à penser que le tueur est déjà en train de repérer la zone... Puis c'est Monique, le 5 février 2019, qui souffle à la juge Khéris :

—J'ai des choses à vous dire sur Estelle Mouzin... Mais je ne parlerai qu'à vous, je n'ai confiance qu'en vous.

Et dans la foulée, Fourniret dit avoir le *« cul merdeux »* dans cette affaire et suggère qu'il y a là *« un sujet à creuser »* ! C'est suffisant pour que le 25 juillet 2019, le dossier Mouzin soit officiellement confié à la juge Khéris. Déjà, celle-ci dessaisit la PJ au profit des gendarmes. Et pas question de traîner : la mémoire de Fourniret, diagnostiqué Alzheimer, part en lambeaux.

—Les neurones, ils foutent le camp ! s'alarme-t-il lui-même.

Inaltérable, en revanche, son goût pour les devinettes perverses. La juge va devoir se blinder et mettre les bouchées doubles...

IL FAUT CUISINER FOUNIRET POUR LUI FAIRE CRACHER LES INFOS SUR L'EMPLACEMENT DU CORPS

Des nuits entières, Sabine Khéris décortique les 85 tomes du dossier Mouzin, relit chacun des 38000 procès-verbaux. Pour rentrer dans la tête de Fourniret, elle

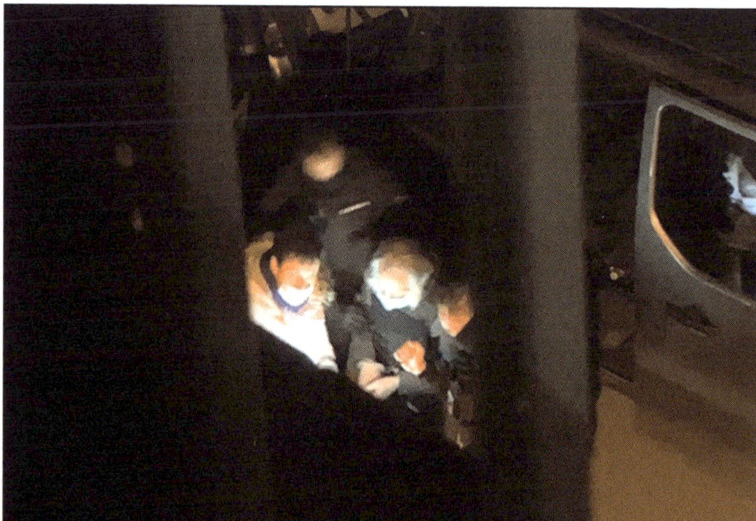

Notre reporter Hervé Hellec a photographié Fourniret, plus grabataire que jamais, aux côtés de la juge Khéris, le 15 octobre 2020, devant la boulangerie de Guermantes.

dévore Dostoïevski et se branche en permanence, comme lui, sur France Culture. L'objectif est aussi de gagner son estime. C'est chose faite, le 27 novembre 2019 :

— Je joue franc-jeu avec vous, lui jure Fourniret. Vous êtes une bonne joueuse. Avec vous, les malotrus n'ont qu'à bien se tenir.

Et donc, la petite Estelle ?

— Je ne suis pas sûr d'y être pour rien...

Mais il n'a aucune *« souvenance »* des faits, alors :

— Dans l'impossibilité où je suis de vous dire *« je suis responsable de sa disparition »*, je vous exhorte à me considérer comme coupable.

Voilà qui justifie sa mise en examen pour « enlèvement et séquestration suivie de mort ». Des demi-aveux, certes, mais confortés par les revirements toujours plus spectaculaires de Monique. Oui, dit-elle désormais, elle a fait une déviation téléphonique pour fournir un alibi à son mari. Et non, Jean-Paul H. n'a pas rêvé : Monique confirme que Michel a bien zoné à Guermantes *« dans les jours précédant l'enlèvement »*, repérant ainsi *« un beau petit sujet »*. Pour la juge Khéris, c'est du pain bénit. Maintenant, elle doit cuisiner Fourniret, lui faire cracher des infos sur l'emplacement du corps.

C'EST À SE DEMANDER S'IL PERD RÉELLEMENT LA MÉMOIRE OU SI, UNE FOIS DE PLUS, L'OGRE SE FOUT DU MONDE...

Le 4 mars 2020, une série d'auditions commence, étalées sur trois jours. L'Ogre retrouve ainsi le bureau épuré, les plantes vertes, la grande baie vitrée. Mais ce panorama de grisaille parisienne l'intéresse moins que son propre horizon intérieur, chaque jour plus noyé de brouillard.

—Les détails se superposent, c'est un magma, marmonne-t-il. Si j'avais un film à débobiner, ce serait facile. Le hic, c'est que je n'ai aucune image (...) Il n'y a rien qui fait tilt.

Il faudra 72 heures pour obtenir quelques bribes d'informations. C'est d'abord, à la vision d'une photo d'Estelle en pull-over rouge, un doigt fripé qui se dresse en tremblant:

—Je reconnais là un être qui n'est plus là par ma faute...

En revanche, sur le scénario du rapt, les souvenirs du vieil Ogre sont flous. Très flous:

—J'ai traversé l'agglomération motorisé, et il y a eu un accostage idoine.

D'une voix douce, la juge tente d'y voir clair dans tout ce charabia:

—Quelles sont les conditions idoines dont vous parlez?

—Vous êtes comme moi, un fouille-merde.

Passé l'étrange compliment, il évoque une *« sacrée boulette »*:

—Quand on fait une boulette, il faut l'avaler.

Il n'en dira pas plus. Et rien sur le fameux appel de 20h08 passé à son fils:

—Le téléphone et moi, on n'est pas copains.

Quand la magistrate l'interpelle sur les déclarations de son ex-femme, il soupire:

—Pauvre Monique. Libre à elle de penser, si cela lui arrive.

Sénile ou pas, le vieil Ogre sait toujours être grinçant! De même lorsque la juge lui demande si son *« raisonnement se tient »*:

—De même qu'un château de cartes se tient.

Localiser la dépouille d'Estelle? Fourniret s'en dit incapable. La faute, dit-il, aux *« oubliettes »* de cette satanée *« caboche »*. Sabine Khéris lui pose alors deux cartes de France sous le nez.

—C'est de l'hébreu, commente Fourniret.

Seul « indice » qu'il consent à donner:

— La surface d'investigation est la France entière.

Et avant de retourner dans sa nouvelle cellule de Fresnes, le vieux tueur clame un dernier délire :

— Lorsque Caïn se fut dressé devant Jéhovah, je dis des conneries et j'essaie de retrouver des pensées qui ont pu me revenir...

Aussi lunaire soit-il, cet interrogatoire consolide le dossier d'instruction. D'une, Fourniret a formulé de nouveaux aveux en creux *(« Vous pouvez considérer que c'est moi », « j'ai fait le con »).* De deux, la juge en ressort confortée dans son intuition : le corps d'Estelle ne se trouve pas en région parisienne. Et s'il faut cibler une *« surface »* dans la *« France entière »*, c'est sur les terres natales du tueur...

22 juin 2020, à Ville-sur-Lumes (Ardennes). Au 15, rue des Jardins, la maison décrépite de feu Huguette Fourniret a enfin reçu le coup de neuf qu'elle méritait. Façade pimpante, pelouse tondue. Reste à savoir dans quel état elle se trouvera une fois l'ouragan passé... Car ce matin-là, la grosse artillerie est de sortie : gendarmes, militaires experts en zone de charnier, techniciens en identification criminelle, anthropologue, archéologue... Pourquoi cette armada ? A cause de quatre boîtes de pois cassés. Ou plutôt de leur ticket de caisse, saisi en perquisition. Achetés au supermarché Cora de Villers-Semeuse le 11 janvier 2003, ces pois cassés attestent que Fourniret était dans le coin deux jours après le rapt d'Estelle. A-t-elle été séquestrée (et donc nourrie) dans cette maison, dans ce *« transit »* dont parle l'Ogre ?

— C'est tout à fait pertinent, pas du tout improbable, concède-t-il. Ce transit a pu servir à des assassinats. Peut-être bien que oui ou peut-être bien que non.

TOUT LE MONDE A COMPRIS QUE PLUS RIEN NE FERA « TILT » : ALZHEIMER A GAGNÉ, C'EST LA FIN...

Et les fouilles avançant, il semblerait que non. A eux tous, le géoradar, le détecteur de métaux et le drone à caméra multispectrale ne mettent au jour qu'une lame de couteau cassée et une pelle, enterrés dans le jardin. Restent les nouvelles analyses génétiques commandées sur le matelas du sous-sol. Elles diront si Estelle a vécu ses derniers instants ici, dans cette villa jadis encombrée et empestant le vin...

— Si on l'avait retrouvée, souffle Solange, la nouvelle propriétaire, j'aurais déménagé. Il faudra du temps pour que je redescende à la cave. Même si le gazon a souffert un peu, c'est pour la bonne cause.

Les trois jours suivants, c'est le « gazon » du Sautou qui souffre, sans plus de réussite. Quant au fameux matelas de la cave, chou blanc. Le réputé professeur Doutremepuich de Bordeaux est formel : l'analyse est *« non concluante »*. L'expert ne détecte que *« deux brins d'ADN mitochondrial »* qui ne sont *« pas incompatibles »* avec la *« lignée maternelle »* d'Estelle. En d'autres termes, cet ADN peut être le sien comme celui de milliers d'autres personnes…

En somme, la seule avancée notable repose sur les révélations de Monique, courant août 2020. Cette nuit du 9 janvier, confie-t-elle à la juge, c'est bien dans la maison de sa sœur que l'Ogre a séquestré Estelle. Avant de rentrer, le *« jean couvert de terre »*, à Sart-Custinne, et puis d'en repartir, au matin… Le reste du scénario, seul son ex-mari peut le dévoiler. L'ennui, c'est que le vieil Ogre dépérit à vue d'œil dans sa cellule de Fresnes. S'il faut tenter quelque chose, c'est maintenant, ou plus jamais…

Le 15 octobre 2020 au soir, Guermantes est donc bouclé. Plus un bruit. Seulement les sabots des chevaux montés par les policiers, qui claquent sur le pavé nocturne. Rue de la Madeleine, des lampes torches balaient la façade de la boulangerie. A 22 h 39, le tueur de 78 ans descend du fourgon, menottes aux poignets. Soutenu par deux policiers, la démarche chancelante, l'Ogre fait peine à voir. Crâne dégarni, barbe blanche hirsute et masque anti-Covid, le vieillard amaigri flotte dans son grand manteau molletonné. On dirait un fantôme. Devenu incontinent, il exhale l'odeur fétide de la mort… Cinq minutes durant, sa silhouette lugubre chancelle encore sur le trottoir, puis regagne péniblement son fourgon. Tout le monde comprend : plus rien ne fera jamais « tilt ». Alzheimer a gagné.

UN GROS DOUTE SUR LA VÉRACITÉ DE TOUS CES AVEUX

Le 20 novembre au matin, malgré ses troubles cardiaques, le vieil épouvantail refuse de voir un médecin. Comme on veut l'obliger, il fonce tête la première contre un mur de sa cellule ! Transporté d'urgence à l'hôpital Henri-Mondor de Créteil, Fourniret est placé sur un lit à roulettes à matelas vert. C'est ici qu'alité, spectral, incapable de se nourrir seul, il se voit signifier sa mise en

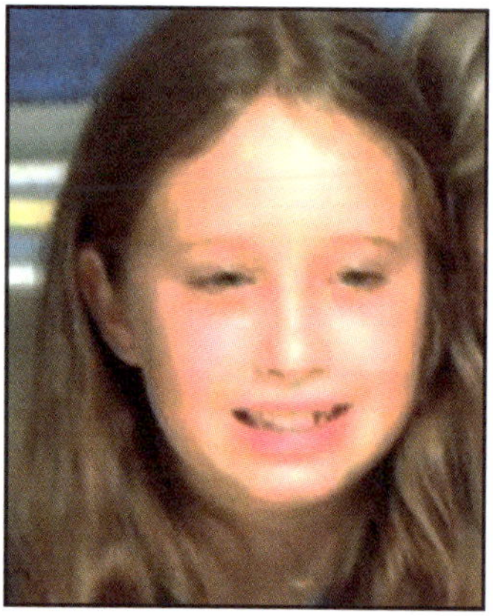

LA PETITE ESTELLE MOUZIN, UN MYSTÈRE DE PLUS DE DIX-HUIT ANS.

examen dans l'affaire Lydie Logé *(voir chapitre 7)*. Mais comprend-il seulement de quoi on lui parle ? Des filles, il en a tellement chassé. Et puis, aux portes de l'enfer, pourquoi se repentir ? Et auprès de qui ? Même la Sainte Vierge, dans sa miséricorde, n'aurait pas la charité de l'écouter...

L'Ogre agonisant lentement, c'est son restant d'emprise, sur sa complice, qui disparaît aussi. Le 1er avril 2021, Monique Olivier se voit donc conduite à la gendarmerie de Charleville-Mézières. La démarche est lente, mal assurée. Dans son survêtement noir (celui que l'administration pénitentiaire fournit aux détenues les plus pauvres), la vieille femme de 72 ans traîne les pieds. Mais Sabine Khéris insiste. Six heures durant, la sermonne : Fourniret n'est plus là ou presque, il faut parler, ne plus rien cacher. Pour Estelle. Pour ses parents. Monique vacille. Et, de sa voix lente et monocorde, déroule une énième version :

—Cette nuit du 9 janvier 2003, Michel m'a téléphoné...

Son fauve la réclame à Ville-sur-Lumes. Elle s'exécute, saute dans son Citroën Jumpy gris, parcourt les 45 kilomètres. A son arrivée, Estelle est encore vivante, séquestrée dans la cave. Monique doit la surveiller tandis que Fourniret s'absente pour suivre une *« formation professionnelle »*. N'est-ce pas plutôt pour continuer à creuser la « tombe » de la fillette, déjà entamée dans la terre gelée ? Mystère. Les heures passent, Monique échange même quelques mots avec la captive... Au petit matin, Fourniret réapparaît puis ordonne à sa femme de rentrer seule en Belgique. Deux jours plus tard, il lui demande de revenir. Cette fois, Estelle est morte, étranglée. La pauvre enfant gît à l'arrière du fourgon C25, dénudée et enroulée dans un rideau de douche...

—On est allés ensemble dans une forêt de Rumel, précise-t-elle, en substance. Fourniret s'est garé au bout d'un chemin forestier. Moi, je suis restée dans la voiture tandis qu'il emportait la petite sur son dos...

Le 7 avril 2021, à Rumel donc, c'est ce chemin parcouru par l'Ogre que juge et gendarmes tâchent de retracer. Le thermomètre affiche −5 °C, des bourrasques de neige s'abattent sur la forêt désignée, celle de Gernelle. Un bois dense, pentu, tapissé d'un blanc trompeur. A travers le rideau de flocons se dessine un nouveau tandem : une grande femme bossue, en survêtement, et une autre plus petite, en doudoune blanche. Estelle se trouve-t-elle vraiment là, sous ce manteau immaculé ? Déjà, les pelleteuses mordent la terre, sous l'œil attentif d'un drone dernier cri. Quelques bûcherons attendent, dans un coin, que la météo s'apaise. Un travail titanesque les attend : raser chaque centimètre de ces 5 hectares de végétation !

—Avec tous les cyclistes, les cueilleurs de champignons et les chasseurs qui fréquentent ce bois, on aurait retrouvé le corps depuis longtemps, murmure un riverain, sceptique.

—De toute façon, abonde un autre, la forêt fourmille de blaireaux. Ces trucs-là, ça mange tout. Si cadavre il y a, il ne doit plus en rester grand-chose.

Et une fois encore, on ne trouve rien. Comme toujours... D'où la petite musique qui monte chez certains acteurs de l'affaire : et si Monique racontait n'importe quoi ? Et si Fourniret n'avait jamais kidnappé Estelle ? Au fond, on comprend mal pourquoi, ce jour de janvier 2003, il parcourrait 245 kilomètres jusqu'à Guermantes, sur des routes verglacées, dans un brouillard aussi dense.

—Cela aurait été un bordel pas possible niveau circulation, glisse une source proche du dossier. Et avec une météo aussi mauvaise, il aurait aussi mis plusieurs heures pour conduire Estelle jusqu'à Ville-sur-Lumes. Le risque de se faire prendre était énorme.

D'où ce doute affreux :

—On peut s'interroger sur ces aveux qui ne sont étayés par rien. Fourniret n'a plus toute sa tête, et Monique veut peut-être s'assurer de ne jamais sortir de prison...

La très casanière Mésange aurait-elle donc l'abjection de mentir à la face du monde ? A la justice ? Aux parents d'Estelle ?

A l'heure où les enquêteurs quittent le bois de Gernelle, ils sont encore deux à le savoir. Monique sera bientôt la seule, l'unique légataire des secrets de l'Ogre...

“SI MONIQUE OLIVIER PARLE, C'EST POUR LES FAMILLES DES VICTIMES”
Me Richard Delgenes, du barreau de Charleville-Mézières

INTERVIEW

Richard Delgenes est l'avocat historique de Monique Olivier. Comment expliquer ses aveux tardifs dans l'affaire Estelle Mouzin ? Cache-t-elle encore des choses sur ce crime ? Et sur d'autres ? Le pénaliste répond à nos questions.

LND : Revenons d'abord sur le meurtre d'Estelle Mouzin. Pourquoi votre cliente ne l'avoue pas dès 2004, en même temps que les autres assassinats ?

Me Richard Delgenes : A cette époque, elle sait que son mari a tué une enfant, mais elle ignore son nom.
Elle ne regarde jamais la presse, et les chaînes d'info en continu comme BFM TV n'existent pas encore.

N'est-ce pas surtout parce qu'elle a honte de ce crime, encore plus que des autres ? Estelle avait à peine 9 ans…

C'est vrai, la question de l'âge peut jouer. Je sais que Monique Olivier en veut à son mari d'avoir pris la vie d'une enfant aussi jeune. Une autre explication possible tient au fait qu'elle n'a pas eu de rôle actif dans ce crime.
Elle peut donc penser que c'est à Fourniret de l'assumer et d'en parler.

Sauf qu'aucun indice matériel n'implique Fourniret dans ce crime.

Si. On a l'ADN d'Estelle sur un matelas, saisi dans la maison de Ville-sur-Lumes.

Il s'agit d'un ADN mitochondrial « pas incompatible » avec celui d'Estelle. Cela paraît léger…

On le trouve quand même à plusieurs endroits sur le matelas. Et on a des aveux. En audition, ma cliente dit clairement qu'elle a *« gardé la petite »* à la demande de son mari. Lui aussi a avoué. Compte tenu de ces éléments, l'implication de Fourniret me paraît indiscutable.

Comment expliquer alors que votre cliente soit incapable d'indiquer l'emplacement du corps ? Quand bien même elle n'a assisté à son enfouissement que de loin ?

Penchez-vous sur ses précédents aveux. Monique Olivier révèle toujours des choses épouvantables sur les crimes eux-mêmes, comme cette fellation faite à son mari pour l'aider à violer Isabelle Laville. Mais dès qu'il s'agit des cadavres, de leur état, de leur emplacement, elle refoule à fond. Comme si elle avait un blocage psychologique avec la mort, avec son aspect concret.

Ou alors, les Fourniret n'ont rien à voir avec la disparition d'Estelle et votre cliente raconte n'importe quoi depuis trois ans…

Non, il n'y a aucun calcul de sa part. Elle n'avait aucun intérêt à avouer sa participation à la séquestration d'Estelle. Cela risque de lui coûter très cher aux assises.

Monique Olivier sera jugée seule dans cette affaire, comme dans trois autres. C'est quelque chose qu'elle appréhende ?

Elle dit : *« Tout va me retomber dessus, voilà. »* Mais elle ne s'est jamais défaussée. Elle va assumer.

A quoi ressemble son quotidien dans sa cellule de Fleury-Mérogis ?

Elle regarde la télé et utilise un ordinateur sans connexion internet. Elle lit surtout beaucoup de bouquins : des ouvrages sur l'Egypte, des romans, des polars de Stephen King… Dès qu'elle peut participer à une activité, elle le fait. Depuis peu, elle prend des cours de coiffure.

Elle reçoit des visites ?

Oui, de bonnes sœurs et de visiteuses de prison. Mais jamais de membres de sa famille ou d'amies, elle est complètement isolée à ce niveau-là. Pour ma part, j'échange avec elle régulièrement par téléphone et par courrier. Et nous prenons toujours une demi-heure pour discuter avant chacune de ses auditions.

Monique Olivier fêtera ses 73 ans en octobre. S'est-elle résignée à finir sa vie derrière les barreaux ?

Complètement. D'ailleurs, elle l'a dit à la juge d'instruction : elle ne veut pas être libérée. En prison, elle a trouvé un équilibre, une tranquillité. Elle peut encore vivre longtemps, comme son père qui est mort à 101 ans. Elle m'a dit en plaisantant : *« Ça rassure quand on prend perpét' ! »*

Elle a conscience d'avoir gâché sa vie ?

Bien sûr. Elle est enfermée, elle ne voit plus ses enfants… Tout ça pour quelqu'un qu'elle n'a jamais aimé, qu'elle n'a même jamais trouvé beau ! Elle s'est juste sentie importante pour lui. Il y a quelque chose entre elle et Fourniret, mais ce n'est pas de l'amour. Plutôt une complicité qui a fini par se sceller dans le glauque, dans le sang.

Votre cliente a-t-elle des remords ?

C'est toujours compliqué d'appliquer des concepts de « gens normaux » à des criminels. Ce que je peux dire, c'est que Michel Fourniret était un pervers sans remords, contrairement à elle. Monique Olivier a exprimé des regrets. Elle a conscience que derrière tous ces crimes, il y a des familles en souffrance. C'est pour elles qu'elle parle. Pour qu'elles sachent la vérité.

Justement, comment la faire parler encore plus ?

Déjà, il ne faut pas la brusquer. Une fois, lors d'une garde à vue en Belgique, on lui a flanqué une baffe et cela l'a complètement bloquée. Ce n'est ni malin, ni la bonne méthode... Il faut plutôt trouver les bons ressorts.

Monique Olivier et Michel Fourniret ont-ils commis d'autres crimes encore inconnus à ce jour ?

Peut-être, mais peut-être pas. Je l'ignore totalement.

*Une interview de **Michel Mary***

« MONIQUE OLIVIER A EXPRIMÉ DES REGRETS. ELLE A CONSCIENCE QUE DERRIÈRE TOUS CES CRIMES, IL Y A DES FAMILLES EN SOUFFRANCE. C'EST POUR ELLES QU'ELLE PARLE. POUR QU'ELLES SACHENT LA VÉRITÉ. »

Cécile Vallin
(17 ans)
Disparue mystérieusement
le 8 juin 1997, en Savoie.

Chapitre 13

COMBIEN D'AUTRES VICTIMES ?

Douze victimes officielles, mais combien d'autres ? Tous les acteurs de l'enquête le disent : Fourniret a forcément laissé d'autres cadavres dans son sillage. Mais où, quand, comment ? Comme le révèle Jean-Pierre Vergès dans son livre *Les Fourniret, meurtres à quatre mains*, ces questions ne sont pas nouvelles. La PJ d'Evry (Essonne) le sait bien. Dès le 1er juin 1984, alors que Fourniret vient d'être écroué pour agressions sexuelles, les policiers le placent en garde à vue pour un meurtre sordide. Celui de Michèle Couturat, une ado de 17 ans retrouvée morte quatre ans plus tôt près d'un château d'eau désaffecté de Guillerval (Essonne). Elle est nue, la langue sortant de sa bouche, pendue à une poutre. C'est une macabre mise en scène : l'autopsie montre qu'elle a été étranglée. Et l'enquête, que la jeune fille, héroïnomane et prostituée, faisait régulièrement de l'auto-stop. Si les policiers suspectent Fourniret, c'est qu'il a déjà sévi dans l'Essonne. Que lui aussi ciblait des auto-stoppeuses. Et que pour neutraliser une victime, il a déjà utilisé un nœud coulant, tel celui qui serre le cou de la jeune pendue... Enfin, près du corps, des traces de pneus de Peugeot 504 ont été relevées. Et Fourniret en conduisait une. Mais face aux policiers, il nie :

—Je ne suis pas l'auteur d'un tel acte, je n'en suis pas capable.

C'est sans doute vrai. A cette époque, il n'est qu'un criminel maladroit, qui laisse encore ses victimes repartir en vie. Mais l'épisode montre que le potentiel sanguinaire de Fourniret est redouté depuis toujours...

Vingt ans plus tard, lorsqu'il est confondu pour sept premiers meurtres, l'intuition est unanime : ce type-là a tué plus qu'il ne le dit. Trop de choses le laissent penser. A commencer par les perquisitions à Sart-Custinne, une sorte d'inventaire sordide façon Prévert : sacs de chaux, jupe de petite fille, masque inhalateur pour enfant asthmatique... D'autre part, outre la fameuse « Delphine », on sait que Fourniret contacte d'autres baby-sitters dans ces années-là. Et ce, via des petites annonces publiées dans la presse locale, dans les supermarchés et même à la fac de Liège. De quoi attirer dans sa nasse beaucoup de jeunes *« membranes »*... Angoissant aussi, ce dessin réalisé par Fourniret depuis sa prison. Il représente une jeune femme de profil, avec le chiffre « 8 » inscrit au verso. L'aveu d'un huitième meurtre ? Celui d'une jeune Française, puisqu'elle est coiffée d'un bonnet phrygien ? Sur son pendentif, on distingue une fleur à cinq pétales, comme le logo de la Journée internationale des enfants disparus... A l'évidence, Fourniret laisse des indices. L'Ogre prétend chasser des vierges *« deux fois par an »* ? Monique, elle, estime que le nombre réel de victimes *« dépasse la trentaine »*...

« L'IMPROVISATION A CONSTAMMENT GUIDÉ MES ACTES »

Mais remonter ces « *crimes cachés* » est une tâche titanesque. D'une, Fourniret a vécu dans quatre départements (Ardennes, Yvelines, Indre, Yonne), ainsi qu'en Belgique. De deux, il a beaucoup voyagé, de la Vendée à la Savoie en passant par Istanbul. De plus, il a exercé mille métiers dans mille secteurs différents : dessin industriel, automobile, maintenance, construction, menuiserie, jardinerie, éducation... Avec tous les déplacements que cela implique. Bref : Fourniret est allé partout.

Autre difficulté : l'absence de « signature ». Certes, il finit souvent par étrangler ses victimes. Mais il tue aussi parfois avec un fusil de chasse, un sac

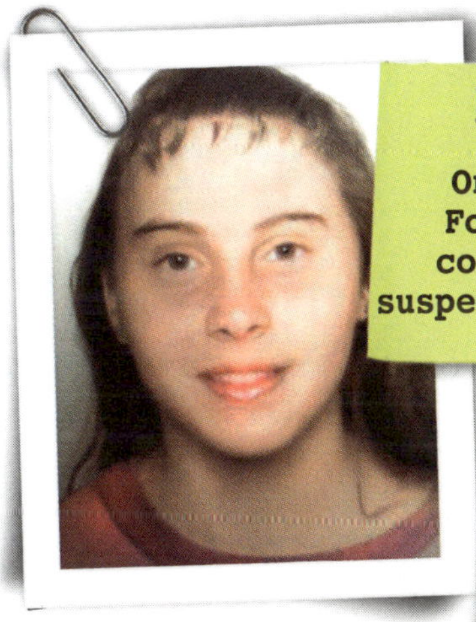

Nadège Desnoix
(17 ans)
On a pu soupçonner Fourniret, avant de coincer le véritable suspect, en novembre 2021.

Caroline Pino
(24 ans)
Etranglée dans son sac de couchage.

plastique, un tournevis, une baïonnette... Et il sait faire preuve d'imagination quand il se débarrasse des corps. On en retrouve dans les rivières, les puits, les forêts, les plages...

— L'improvisation a constamment guidé mes actes, avait-il reconnu en audition. Je me suis adapté. Je n'avais pas de schéma.

Alors, longtemps, malgré plusieurs pistes brûlantes *(voir encadré)*, aucun nouveau crime ne lui sera imputé.

DEUX DOSSIERS TROUBLANTS DÉJÀ SONDÉS À L'ÉPOQUE

Dès 2004-2005, les enquêteurs ont rouvert de nombreux cold cases pour tenter de les rattacher à l'Ogre des Ardennes. Impossible de les développer tous, mais en voici deux particulièrement troublants et toujours irrésolus à ce jour.

Gwenaëlle Philippart de Foy (21 ans). Cette étudiante belge de 21 ans est kidnappée le 30 avril 1990 à Obourg, près de Mons, alors qu'elle fait du stop pour se rendre en cours. On la retrouve dans un bois, étranglée, plus exactement garrottée avec une lanière de cuir. Une technique apprise par Fourniret lors de son service militaire en Algérie. Et à l'époque du crime, celui-ci se rend souvent en Belgique pour changer de l'or auprès de numismates. C'est justement dans ce contexte qu'il croise la petite Elizabeth Brichet... et Gwenaëlle aussi ?

Anissa Lahboub (16 ans). Cette jolie brune disparaît à Montbéliard (Doubs), le soir du 8 août 1999. On retrouvera son corps huit mois plus tard dans une forêt, à 4 kilomètres de là. Elle est nue, poignets et chevilles liés, asphyxiée par le ruban adhésif qui lui barre la bouche. Détail troublant : son corps est enfermé dans deux sacs-poubelle provenant d'un supermarché belge. Cette année-là, Fourniret habite justement en Belgique et ne dispose d'aucun alibi. Enfin, deux victimes officielles de Fourniret ont été retrouvées, elles aussi, avec des bandes adhésives plaquées sur le visage...

ON LE SAIT, MICHEL FOURNIRET AIMAIT CHASSER À LA SORTIE DES LYCÉES, ET LA ROSE ÉTAIT SA FLEUR PRÉFÉRÉE

> *C'EST ÉPOUVANTABLE À DIRE, MAIS CE QUI EXCITAIT CE TYPE, C'ÉTAIT DE CHASSER DES FILLES COMME DU GIBIER. ON PEUT DONC PENSER QU'IL Y A BEAUCOUP D'AUTRES VICTIMES. JE NE SERAIS PAS ÉTONNÉ QU'IL Y EN AIT VINGT OU TRENTE DE PLUS.*

Me Gérard Chemla, avocat des familles Leroy et Thumpong.

En 2018, les progrès scientifiques permettront de relancer la chasse aux « fantômes » de l'Ogre. En exploitant les 736 poils et cheveux relevés dans son fourgon, ainsi que les diverses traces isolées sur le matelas de Ville-sur-Lumes, trente-cinq ADN inconnus sont mis au jour. Mais pour les comparer à tous les cold cases de France, il faudrait débourser plusieurs centaines de millions d'euros. Alors, on fait des choix. Les hommes de l'Office central pour la répression des violences aux personnes (OCRVP) arrêtent leurs critères. Ils choisissent des crimes survenus pendant les périodes de liberté de Fourniret et qui n'ont aucun suspect évident (concubin, amant, voisin...). Les victimes, elles, doivent correspondre à la « fourchette » de Fourniret : ni trop jeunes, ni trop âgées... Au total, vingt et un dossiers sont retenus.

L'affaire Caroline Pino, par exemple. Cette Néerlandaise de 24 ans disparaît fin juillet 1996 en rentrant d'un festival au Portugal. On la voit pour la dernière fois à Bayonne faire du stop, puis grimper *« dans la camionnette d'un Français »*. Le 7 août suivant, son corps à demi dénudé est découvert le long d'une nationale près d'Orsay (Essonne). Étranglée dans son sac de couchage. L'auto-stop, l'Essonne, la strangulation, la *« camionnette d'un Français »*, autant d'éléments qui collent avec Fourniret. Jusqu'au cadavre enroulé dans un sac de couchage, comme celui de Natacha Danais, un temps « stocké » dans un duvet rouge...

SUR CE CRIME AUSSI, L'OMBRE MALFAISANTE DE L'OGRE PLANE PEUT-ÊTRE...

Virginie Bluzet n'a jamais été vengée, elle non plus. Le soir du 7 février 1997, cette serveuse de 21 ans se rend dans une brasserie de Beaune (Côte-d'Or), prisée pour ses tarifs et ses nombreux flippers. Vers 23 heures, Virginie quitte ses amies, sans se douter qu'un démon la guette... On retrouve son cadavre un mois plus tard, flottant au bord de la Saône, à Verdun-sur-le-Doubs. Débardeur

Virginie Bluzet
(21 ans)
Retrouvée le visage, en bouillie, comme brûlé à l'acide. Son meurtre fait partie des 21 cold cases faisant l'objet de comparaisons ADN.

Marion Wagon
(10 ans)
Disparue le 14 novembre 1996. Elle est devenue la disparue la plus célèbre de France, parce que son visage était placardé sur toutes les briques de lait.

FOURNIRET, « UNE PORTE À PEINE ENTROUVERTE » DANS L'AFFAIRE MARION WAGON

Me Georges Catala est l'avocat des parents de Marion Wagon, disparue fin 1996 en rentrant à pied de son école d'Agen. Selon lui, la piste d'un tueur en série n'a pas été assez exploitée.

LND: Fourniret en kidnappeur de la petite Marion, c'est crédible?

Me Georges Catala: Oui. Cette pauvre enfant disparaît comme un sucre dans une tasse de café, en plein jour, sans témoin, dans une grande ville comme Agen. Cela ressemble à un rapt par ruse et c'était le mode opératoire de ce personnage. J'ajoute que les gendarmes ont mené une enquête très minutieuse sans jamais rien trouver. Cela peut signifier que le kidnappeur était extérieur à la région. Donc, pourquoi pas Fourniret.

Existe-t-il des éléments dans l'enquête qui ramèneraient à Fourniret? Un fourgon blanc par exemple?

Une voiture blanche suspecte a été aperçue, mais sans description précise. L'enjeu est de savoir si Fourniret, ce zombie qui s'est officialisé dans l'immonde, est passé par Agen ce jour-là. Et de le prouver.

Les gendarmes l'ont déjà entendu sur son emploi du temps, sans succès.

Oui. Et la « vipère » *(Monique Olivier, ndlr)* a prétendu que son mari ne chassait que des filles pubères. Que Marion ne correspondait pas. La justice aurait pu ordonner aux gendarmes de pousser plus loin. Pour moi, cette porte a été à peine entrouverte. Comme celle des autres « grands » tueurs en série de notre pays.

La porte Fourniret reste donc « entrouverte »?

Oui, comme beaucoup d'autres... Au bout de vingt-cinq ans, cette enquête subit le sort de la chandelle: petit à petit, la flamme se disperse, jusqu'à presque s'éteindre. Mais on a la chance d'avoir aujourd'hui une juge d'instruction très compétente, pugnace et pleine de bonne volonté.

Comment ont réagi les parents de Marion en apprenant que la piste Fourniret était étudiée dans le cadre de sa disparition?

J'ai dû les appeler pour tenter d'amortir le choc. Vous savez, le père est ouvrier, la mère, employée. Ce sont des gens simples, au sens noble du terme, loin d'être idiots. Ils comprennent très bien ce qu'un type comme ça aurait pu faire à leur fille...

Propos recueillis par **Christophe Guerra**

remonté sur les seins, la jeune femme est bâillonnée, ses mains menottées dans le dos. Son visage, recouvert d'une taie d'oreiller, est en bouillie, comme brûlé avec de l'acide... Sur ce crime aussi, l'ombre malfaisante de l'Ogre plane peut-être. Cette région de Bourgogne, il y a vécu. Il y a même tué trois femmes, dont Joanna Parrish, découverte elle aussi dénudée dans une rivière... Quant à l'acide qui semble avoir défiguré Virginie, le tueur n'a-t-il pas tenu en respect ses premières victimes avec une fausse fiole de vitriol ? Et menacé Céline Saison de la « rendre aveugle avec de l'acide » avant de l'achever ?

Citons enfin les disparitions de Cécile Vallin, volatilisée le long d'une route départementale en juin 1997, en Savoie. Ou celle de Marion Wagon, 10 ans, enlevée le 14 novembre 1996 à Agen (Lot-et-Garonne). Là encore, selon l'avocat de la famille, la piste Fourniret peut tenir la route (voir encadré). Seul le meurtre de Nadège Desnoix connaîtra un dénouement différent, trente ans après les faits. L'adolescente de 17 ans, disparue le 24 mai 1994 près d'un lycée de Château-Thierry (Aisne), avait été retrouvée le lendemain, à 600 mètres de là, dans une ruelle bordée de ronces, étranglée et égorgée. Parce que Fourniret aimait chasser à la sortie des lycées et parce qu'une rose - sa fleur préférée - gisait près du cadavre de Nadège, on a cru voir son ombre planer sur ce crime. A tort. Le 30 novembre 2021, Pascal Lafolie, le tueur présumé, a été confondu par son ADN...

IL NE S'EST JAMAIS ARRÊTÉ DE TUER...

Nadège, ce n'était pas lui. Mais qu'en est-il des autres ? Pour le savoir, les enquêteurs récupèrent l'empreinte génétique de ces vingt et une victimes pour les comparer aux trente-cinq ADN inconnus. Les résultats, hélas, sont tous négatifs. Sans grande surprise : comme dans l'affaire Estelle Mouzin, la plupart de ces ADN inconnus ne sont pas « nucléaires », mais « mitochondriaux», c'est-à-dire extérieurs au noyau de la cellule et uniquement transmis par la mère. En clair, ils sont incomplets. S'ils ne parlent pas, Monique Olivier, elle, peut encore le faire. Et d'autres aussi. Un nouvel appel à témoins vient d'être lancé, avec des photos de Michel Fourniret et Monique Olivier prises à différentes époques. Avec, en ligne de mire, cette certitude des enquêteurs, qui traverse les décennies :

— Fourniret ne s'est jamais arrêté de tuer.

« CERTAINS CRIMES RESTERONT DANS L'OMBRE, MAIS PAS TOUS »

Me Corinne Herrmann défend les familles de plusieurs victimes de Michel Fourniret. La pénaliste, spécialiste des cold cases, estime qu'il reste beaucoup d'investigations à mener.

LND : Selon vous, Fourniret est-il un tueur à part ?

Me Corinne Herrmann : J'entends souvent dire qu'il n'y a pas de serial killer en France. Cela me rappelle le nuage de Tchernobyl, qui s'arrête soi-disant à nos frontières... La vérité, c'est qu'on a chez nous beaucoup plus de tueurs en série qu'on ne le pense. Encore faut-il les trouver.

Sait-on traquer ces prédateurs ?

On a les outils pour le faire, des logiciels informatiques et des groupes d'enquête spécialisés. Le problème, souvent, c'est qu'on n'envisage pas l'hypothèse du tueur en série avant de l'avoir arrêté.

On a longtemps parlé de la « décennie blanche » de Fourniret...

Le cas Lydie Logé, tuée fin 1993, prouve qu'elle n'existe pas. Ce n'est pas une surprise. Durant cette décennie, on sait qu'il agresse plusieurs femmes, qu'il est actif et monte en puissance.

Officiellement, Fourniret a tué douze fois. Et officieusement ?

Je dirais une vingtaine, peut-être plus. Je me base sur ce que Fourniret dit lui-même, à savoir qu'il chasse environ deux fois par an.

Outre des comparaisons ADN, comment retrouver toutes les autres victimes « cachées » ?

On peut retracer le parcours des Fourniret avec leurs plaques d'immatriculation, leurs numéros de téléphone et d'autres choses. Ce sont autant de petits cailloux a suivre pour remonter jusqu'à leurs meurtres.

N'est-il pas trop tard ?

Non. Des crimes resteront forcément dans l'ombre, mais pas tous. Et on peut toujours interroger Monique Olivier. Je suis convaincue qu'elle cache encore une grande partie de leur parcours criminel.

Propos recueillis par
Michel Mary

BIENVENUE EN ENFER, FOURNIRET

Le soir tombe sur l'hôpital parisien de la Pitié-Salpêtrière. A la porte du bloc opératoire, au sous-sol, cinq hommes encagoulés patrouillent, fusils d'assaut en bandoulière... Comme il approche des sentinelles en poussant son chariot, l'homme de ménage ralentit, interloqué. Quel patient assez dangereux justifie un tel déploiement de force ? Un chef terroriste, quelque caïd de cartel ? Le brave homme est loin du compte.

Derrière ces lourdes portes, c'est un petit vieillard amaigri qui vit ses dernières heures. Seul un respirateur artificiel le maintient en vie. Ses yeux, jadis d'un bleu glacé, ne répondent plus. Ses grosses mains burinées reposent sur ses flancs, inertes. Le cerveau rongé par Alzheimer, le cœur usé, des pieds à la tête c'est tout son corps qui lâche. Jugeant son état *« irréversible »*, les médecins engagent un *« protocole de fin de vie »*. Deux jours plus tard, le lundi 10 mai 2021 à 15 heures, Michel Fourniret meurt à l'âge de 79 ans. A la veille de la Sainte Estelle, l'Ogre des Ardennes emporte ses derniers secrets dans la tombe...

Qui le pleurera ? Pas Virginie Logé, la sœur de la pauvre Lydie :

— J'espère qu'on ne lui a pas donné trop de calmants, et qu'il a souffert.

— J'irai piétiner sa tombe, puis je retournerai vivre en Thaïlande, promet la mère de Mananya Thumpong.

— Bon débarras, souffle encore un enquêteur. Je lui souhaite de brûler en enfer.

Tous se réjouissent à l'annonce de sa mort. Monique Olivier, informée par le directeur de Fleury-Mérogis, prend la nouvelle avec philosophie :

— Ça ne m'a rien fait, dit-elle au téléphone à son avocat. Je n'ai jamais pleuré. Je ne l'ai jamais aimé.

Avant de passer à autre chose :

— Je ne vous appelle pas pour ça, de toute façon, on s'en fout...

Cet *« on s'en fout »* ferait une belle épitaphe sur la sépulture d'un tel monstre. Si sépulture il y a. Car ni ses ex-femmes ni ses trois enfants ne tiennent à lui en offrir une. Faute de dernières volontés, c'est à la fosse commune du cimetière de Thiais (Val-de-Marne) qu'on finira par jeter sa dépouille. Au trou, comme il aimait tant le faire pour ses victimes, et plus précisément au *« carré des indigents »*, sous une dalle brute et froide. Sans fleurs ni couronnes. Ainsi se termine la sanglante épopée du *« petit Fourniret »*, ce *« sacré fraiseur »* devenu châtelain mégalomane, doubleur de truands, chasseur et étrangleur de vierges...

Le tueur mis en terre, est-ce la fin de l'affaire Fourniret ? Rien n'est moins sûr. Combien sont-elles, celles que l'on ne connaît pas, qui n'ont pas de tombe, dont seule Monique connaît aujourd'hui l'existence ? Tous les espoirs reposent désormais sur son ex-complice, son inspiratrice, peut-être... Qui fera parler celle qui fut, à ses côtés, « l'Ogresse des Ardennes » ?

CES 16 INFOS QUE VOUS NE SOUPÇONNIEZ PAS

1 - Fourniret a appelé son fils Sélim en hommage à son ex-codétenu Sélim Zekiri, qu'il disait doué d'une « *grande qualité morale* », bien qu'écroué pour le meurtre d'un magistrat. **2 -** La petite annonce de Fourniret dans *Pèlerin Magazine* a été publiée le jour même où les derniers membres du gang des Postiches ont été arrêtés. **3 -** Fourniret a été suspecté d'avoir violé et tenté de tuer une fillette de 11 ans... au Danemark. **4 -** Il jure avoir serré la main de Jean-Pierre Chevènement, alors ministre de la Recherche et de l'Industrie, en 1982. **5 -** Suite à l'arrestation de son frère, André Fourniret a fait enlever la lettre « R » de son nom de famille. **6 -** Fourniret s'est accusé du meurtre du ministre Robert Boulin, retrouvé mort dans des circonstances troubles en 1979, à Rambouillet. **7 -** Pour trouver d'autres victimes potentielles du tueur, la justice belge est allée jusqu'à étudier la liste des enfants rescapés de Tchernobyl. **8 -** Dans l'esprit de Fourniret, « *aquarium* » désigne un lieu rempli d'enfants, et « *grenouilles* », des victimes potentielles. **9 -** Il a tué deux fois un 16 mai, à dix ans d'intervalle. **10 -** La piste Fourniret a été vérifiée dans l'affaire Christian Ranucci, guillotiné le 28 juillet 1976 pour le meurtre d'une fillette. **11 -** Me Vincent Durtette, avocat des familles Thumpong et Leroy, est décédé dans un accident de voiture huit mois avant le début du procès. **12 -** Me Dominique Raimbourg, autre avocat de la partie civile, est le fils du comédien Bourvil. **13 -** Entre l'aménagement du tribunal et les frais d'audience, le procès Fourniret aurait coûté environ 1,9 million d'euros au contribuable. **14 -** Parce qu'elle fait creuser de nombreux terrains liés à Fourniret, la juge Sabine Khéris est surnommée « *Lampe frontale* » dans les couloirs du palais de justice. **15 -** Jaloux de la notoriété de Fourniret, l'assassin Philippe Pacque, alias « l'Epervier d'Amiens », s'est récemment accusé du meurtre d'Estelle Mouzin. Il était pourtant sous les verrous au moment de sa disparition. **16 -** Années bissextiles prises en compte, Michel Fourniret aura

CRÉDITS PHOTOS

© Jean-Marc Ducos : P. 34
© AFP : couverture et P. 38, 45, 113, 123, 139, 146, 153, 190
© Getty Images : P. 5, 112, 114, 117, 143, 157, 159
© SIPA : P. 97, 100, 134, 164, 174, 179, 182, 204

ISBN : 978-2-7533-0455-0
Achevé d'imprimer en France par Dupliprint
733, rue Saint-Léonard, 53100 Mayenne
OF : 2980614B
Dépôt légal : février 2023